Série de Interpretação Profética

Volume 1

O Fim De Uma Era: Desenterrando a História

Dra. Ana Méndez Ferrell

1ª Edição

Recife - PE

EDITORA GERAÇÃO DO REINO

2018

Dra. Ana Méndez Ferrell
O fim de uma era: desenterrando a História
Série de Interpretação Profética – Volume 1
Categoria: Escatologia
1ª Edição em Português, Recife-PE
Direitos reservados. Copyright © 2018 Editora Geração do Reino.

Todas as referências bíblicas foram extraídas com livre tradução da Bíblia Reina Valera, versão de 1960, Almeida Revista e Atualizada, Almeida Revista e Corrigida e Nova Almeida Atualizada.

Coordenação: Patrícia Vargas Araújo
Tradução: Inelise Martins
Tradução: Israel Martins
Tradução: Marilyn Trajano
Revisão: Me. Eliabe Roberto Souza
Revisão: Queila Vargas
Revisão: Rachel S. O. Manzini
Revisão: Inelise Martins

Publicação e Edição: Editora Geração do Reino
Caixa Postal 7423
Recife- PE, CEP 50630-971

www.editoragr.com.br

ISBN: 978-85-53008-03-2

COMENTÁRIOS

Hoje, uma nova geração está emergindo com demandas verdadeiras que nos impulsionam a buscar, com maior profundidade, o poder e o estabelecimento do Reino de Deus.

Para esta causa, o Pai está levantando uma geração entendida em seus propósitos eternos. Uma geração disposta a estabelecer sua vida sobre os fundamentos inabaláveis que Cristo Jesus, como Apóstolo e Administrador de todas as coisas, herdou e confiou para sempre a nós: A IGREJA.

"O fim de uma era" é um estudo de investigação muito sério, realizado pela Dra. Ana Méndez Ferrell que reúne e traz luz sobre inumeráveis verdades bíblicas que foram pervertidas pela religiosidade e ignorância de muitos acerca do fim dos tempos. Poderá ser uma testemunha de como a própria história respalda a cada uma das palavras que Cristo Jesus anunciou através de seus profetas, como também as que Ele falou estando aqui na Terra.

Sem dúvida, você tem em suas mãos um complemento inestimável que o ajudará a desenterrar, dentro de seu espírito, cada um destes fundamentos eternos que Jesus estabeleceu para uma Igreja Governante ao consumar em plenitude todas as coisas em Sua morte e ressurreição.

Como parte desta nova geração de reformadores, estamos sendo chamados a nos despojar de toda estrutura e ideia preconcebida, para que o Espírito de Deus introduza, em nosso entendimento e de nossas nações, um novo Gênesis.

É tempo de Reforma!

Profeta David Silva Ríos
Guayaquil – Equador

Cada profeta do Antigo Testamento compreendia detalhadamente a história, seja pela cultura ou revelação. Suas profecias nunca subestimavam o entendimento do que Deus "fez" para que, em iluminação, compreendêssemos o que Ele "fará".

Como igreja temos perdido esse relato histórico, esse fio condutor e, sem este, é impossível compreender o propósito de Seu plano multigeracional no qual estamos inseridos.

O livro em suas mãos é um texto decisivo cujas folhas manifestam a dedicação sincera de se inquirir a verdade.

A profetiza Ana Méndez Ferrell, com amor profundo, une apostolicamente dois âmbitos: o histórico e o da revelação. Ela coloca luz à construção histórica e espiritual deste edifício chamado igreja, o qual não veremos em plenitude, até que entendamos o que já foi cumprido.

Atrevo-me a declarar que, depois de ler cada capítulo, você não poderá ver o sacrifício da cruz, a ressurreição, nem as profecias certeiras de Jesus da mesma maneira. Uma poderosa rajada de entendimento elevará sua fé para experimentar o Reino sobrenatural que nosso Cristo conquistou por completo.

Simon Aquino M. (Santiago – Chile)
Profeta de Deus

SUMÁRIO

INTRODUÇÃO

Este livro pode ser um dos mais importantes que tenha caído em suas mãos.

A busca pela verdade esaber de onde provém o que cremos são vitais para se caminhar com Deus.

Estamos vivendo tempos que demandam sérias investigações e mudanças radicais. A Igreja e seus membros – falo de maneira generalizada – não são epístolas da glória de Deus que o mundo possa ler. Longe disso, o mundo não está vendo muita diferença entre os que se intitulam cristãos e o resto das pessoas. Os mesmos enfermos que há em uns, há em outros. A mesma gente cheia de problemas sem aparente solução, os mesmos endividados e cheios de carências; os mesmos pecados e abominações se veem dentro e fora da Igreja. Está fragmentada; uns contra os outros e se atacam entre si. A essência do que se poderia ser, não se vê.

A Igreja de Gálatas, na Bíblia, pouco tempo depois de ter recebido o Evangelho glorioso de Jesus foi "fascinada", "enfeitiçada", por deturpadores e religiosos que os fizeram voltar à lei, às mesmas formas e a um sistema que os conduzia à morte do espírito.

"Estou surpreso que tão cedo vos achais longe daquele que vos chamou pela graça de Cristo, para seguir um evangelho diferente. Não que haja outro, mas que alguns que vos perturbam e querem perverter o evangelho de Cristo. Mas se ainda nós, ou um anjo do céu, vos anunciar outro evangelho diferente do que temos anunciado, seja anátema."
Gálatas 1:6-8

Se isto sucedeu no primeiro século, tão somente em poucos anos, no meio da mais gloriosa Igreja que jamais se viu, qual será o tamanho da distorção depois de mais de dois mil anos?

A Igreja perdeu os princípios básicos de interpretação ao abandonar a dependência do Espírito Santo. Por causa disso, somos coagidos por muitas fábulas e doutrinas erradas que nos roubam a eficácia da obra terminada de Cristo.

Buscando respostas para profundos questionamentos que surgiam em meu espírito, Deus me levou a desenterrar a História a fim de que possamos ver, analisar as coisas que ocorreram verdadeiramente e que foram escritas como testemunho do cumprimento de todas as profecias sobre o fim da era veterotestamentária.

Os fatos sempre estiveram acessíveis a nós. Outros antes de mim, tentaram trazê-los à luz, mas o diabo, os dogmas e o tempo se encarregarem de que estes fatos não fossem divulgados.

Este livro é um resumo histórico que abrirá seus olhos para ver e entender que muitas coisas que a Igreja está esperando que aconteça já se sucederam completamente. Cristo foi claro quando disse:

"Eu te glorifiquei na terra; tendo consumado a obra que me deste a fazer."

<u>João 17:4</u>

Ele completou Sua obra e não há mais fazer para concluí-la!

Ler as obras do historiador Flávio Josefo é uma grande e pesada tarefa, já que estão escritas em linguagem arcaica, com formas gramaticais que já não se usam hoje em dia. Elas estão escritas em 27 livros e têm sido traduzidas, várias vezes, por diferentes pessoas, o que faz com que todas as versões não sejam exatamente iguais.

A essência e o conteúdo são os mesmos, mas as formas gramaticais podem variar. Por essa razão, entendo que pouquíssimas pessoas se adentrariam em tão profunda investigação, dei-me a tarefa de extrair os capítulos e parágrafos que são de maior relevância, como também, os que certificam os feitos que aconteceram no primeiro século.

Em alguns casos me senti forçada a traduzir do espanhol arcaico para o moderno, tomando o cuidado de não modificar o significado de cada frase.

A procedência e números de páginas de cada extrato estão claramente identificados nas notas de página de forma para que o leitor possa sempre verificar quando necessário.

A versão da qual estarei me referindo é " Las Guerras de los Judíos" por Flávio Josefo, Tradução para o espanhol de Martín Cordero. Edição 1557 - Editora Plaza.

Que os olhos de seu entendimento sejam abertos; que você possa entrar na plenitude conquistada por Cristo na Cruz e nas glórias advindas de Seus padecimentos.

O FIM DE UMA ERA

Muito se tem especulado sobre o fim dos tempos, como se estes se referisse ao fim do mundo. A realidade é que quando Jesus falou deste tema referiu-se ao fim de uma era.

Quem foi Jesus e o que Ele veio fazer na Terra?

Esta pergunta, que parece ser muito óbvia para todo cristão, não é tão compreendida como supostamente deveria ser. De fato, há muita confusão sobre Seus propósitos e desígnios.

Jesus foi o Messias profetizado de Israel e Seu ministério em carne foi, unicamente, aos judeus.

No espírito, como Rei dos reis, é o Messias de toda humanidade, mas na carne foi restringido ao povo de Israel.

"E, respondendo, disse: Não sou enviado senão às ovelhas perdidas da casa de Israel."

<u>Mateus 15:24</u>

Jesus, que é o Espírito da profecia, profetizou sobre Si mesmo ao longo de todo o Antigo Testamento; de como seria Sua vinda em carne para vencer o pecado, e estabelecer o Reino de Deus na Terra. Depois, Ele se assentaria como Rei nas alturas, traria o juízo que poria fim à era veterotestamentária e faria Seu tabernáculo em meio daqueles que cressem Nele, nos quais colocaria Seu espírito. Todo aquele que Nele cresse, teria a vida eterna.

"Os profetas que profetizaram da graça destinada a vós, inquiriram e diligentemente indagaram acerca desta salvação, esquadrinhando que pessoa e em que tempo indicava O Espírito de Cristo que estava neles, o qual anunciava de antemão os sofrimentos de Cristo, e as glórias que viriam após eles."

I Pedro 1:10-11

Para toda a interpretação das palavras de Jesus nos evangelhos temos que, necessária e obrigatoriamente, encontrar no Antigo Testamento, já que foi o Espírito de Cristo quem falou antes de Sua vinda em carne.

Ele viria cumprir TUDO O QUE ESTAVA ESCRITO ACERCA DELE, e terminaria toda a Sua obra.

Esse é o motivo pelo qual disse: Está feito, está consumado!

1   O Propósito do Antigo Testamento

O Antigo Testamento foi estabelecido por Deus para prefigurar as coisas verdadeiras e celestiais, as quais são: o Reino de Deus no Espírito. Deus criou para Si mesmo um povo e estabeleceu os profetas que anunciariam a vinda do verdadeiro e imutável: o Messias. Uma vez, vindo Jesus Cristo, já não há necessidade do anterior (antigo pacto).

"Porque, se aquele primeiro tivesse sido sem defeito, certamente não teria procurado lugar para o segundo."
"Ao dizer: Novo pacto; deu por velho ao primeiro; e o que se dá por velho, e se envelhece, está próximo de desaparecer."

Hebreus 8:7 e 13

"Porque a lei, tendo a sombra dos bens vindouros, não a mesma imagem das coisas, nunca pode, pelos mesmos sacrifícios que se oferecem continuamente a cada ano, fazer perfeitos aos que se achegam."

Hebreus 10:1

Jesus teria de vir em carne para cumprir toda justiça e ser o sacrifício perfeito que se apresentaria uma vez e para sempre.

Ao cumprir toda a "justiça" é atingido o propósito do Antigo Pacto e Jesus estabelece o Novo. Jesus veio para constituir a Si mesmo o Sumo Sacerdote do século vindouro ou dos bens vindouros. Ao chamar de vindouros queria dizer que o velho terminaria para que o novo fosse estabelecido.

"Mas estando já presente Cristo, sumo sacerdote dos bens vindouros, por ele mais amplo e mais perfeito tabernáculo, não feito por mãos, quer dizer, não desta criação, não por sangue de bodes machos nem de bezerros, mas por seu próprio sangue entrou uma vez e para sempre no Lugar Santíssimo, havendo obtido eterna redenção."

Hebreus 9:11-12

O cumprimento da Obra da Cruz vem a ser o final do antigo sistema de sacrifício, ou seja, é a consumação dos séculos.

"De outra maneira, teria-lhe sido necessário padecer muitas vezes desde o princípio do mundo; mas agora, na consumação dos séculos, apresentou-se uma vez, para sempre, pelo sacrifício de si mesmo para tirar do meio o pecado."

Hebreus 9:26

Note que a consumação dos séculos está ligada ao sacrifício na cruz e não ao fim do mundo.

O fim da era havia chegado. O sacerdócio da carne dava lugar ao do Espírito. Jesus não pode e nem poderia ser Sumo Sacerdote na carne e na Terra, porque não possui a linhagem sacerdotal requerida pelo Antigo Pacto.

"Porque todo sumo sacerdote está constituído para apresentar ofertas e sacrifícios; pelo qual é necessário que este também tenha algo a oferecer. Assim que, se estivesse sobre a terra, nem sequer seria sacerdote, havendo ainda sacerdotes que apresentam ofertas segundo a lei; os quais servem àquilo que é figura e sombra das coisas celestiais."

Hebreus 8:3-5a

Isto nos fala, claramente, que o terrenal terminava para que o celestial se estabelecesse.

O Templo físico chegava ao seu fim para dar lugar ao do Espírito, de forma a estabelecer este Templo espiritual no coração dos homens.

Jesus falou aos Seus contemporâneos, especialmente, aos Seus discípulos quando viria o fim da Era. Jesus sabia que viria uma tribulação sem precedentes sobre os judeus que aniquilaria com a nação de Israel. O Pai havia determinado que isso ocorreria no ano 70 d.C. e que o tempo se aproximava.

Jesus predisse tudo o que ia acontecer, seria "logo" e sucedeu 37 anos mais tarde. Todo este cumprimento foi narrado com riqueza de detalhes por Flávio Josefo e é essa a razão desse livro. Que você, leitor, possa se dar conta de que tudo aquilo que Jesus falou se cumpriu e que tudo o que foi profetizado sobre o fim no Antigo Testamento também se realizou.

Através dos primeiros vinte versículos de Mateus 24, Jesus relata a Seus discípulos os muitos eventos que acompanhariam a Sua "vinda", a qual tem relação com o período em que o Templo seria destruído. São mencionados vários sinais: nas passagens paralelas em Lucas 21 e Marcos 13 encontramos expressões que vemos profetizadas no Antigo Testamento.

Jesus declarou que "a abominação desoladora", profetizada, primeiramente, por Daniel[1], era um dos eventos que ocorreriam no tempo das fomes, terremotos, guerras, falsos profetas, etc. Tudo isso se cumpriu mediatamente nos anos anteriores aos da destruição total de Jerusalém. Este período é conhecido como "As Guerras dos Ju-

---

1   Daniel 9:27, 12:11.

deus", durou três anos e meio e depois chegou o fim.

Antes que os romanos começassem o último grande cerco à cidade, os discípulos foram advertidos para que fugissem para os montes, tal como Jesus lhes havia dito. Refugiaram-se em uma cidade chamada Pela, a qual o rei Agripa ofereceu como abrigo para a comunidade cristã[2].

Todas as profecias que Jesus fez sobre Sua "vinda" e o fim da era, foram declaradas àqueles a quem Ele foi enviado, isto é, aos judeus.

"Quando Jesus saiu do Templo e partiu, acercaram-se Seus discípulos para lhe mostrar os edifícios do templo.
Respondendo Ele, disse-lhes: Vês isto tudo? Em verdade vos digo, que não ficará aqui pedra sobre pedra, que não seja derribada.
E estando Ele assentado no monte das Oliveiras, os discípulos se aproximaram dele em particular dizendo: Diga-nos quando serão estas coisas e que sinal haverá de tua vinda (parousia) e do fim do século (aion)?"

Mateus 24:1-3

As palavras que Jesus usa aqui são parousia[3] e aion[4] Parousia que equivale a presença; aion significa era. Jesus não estava falando de que Ele viria em um corpo físico para destruir Jerusalém e sim, que viria nas nuvens, Sua presença gloriosa traria o grande juízo, o qual seria sumamente visível."Os discípulos lhe perguntavam quando seria o fim de "aion" ou a era de Moisés, cujo acontecimento Jesus acabara de profetizar."

Os judeus reconheciam duas eras: uma, na qual viviam naquele tempo (sob a Lei) e a era vindoura ou a era do Messias. Uma concepção judaica muito comum e que apa-rece muitas vezes no Talmude é

---

2 Atlas histórico Westminster da Bíblia pág.62.

3 3952 Parousia Concordância Strong: Presença,34 3952 Do particípio do presente de 3918; TDNT – presença; vinda, um ser próxima chegada(frequentemente, o retorno, especialmente de Cristo para castigar Jerusalém, ou finamente aos maus), advento; (por implicação) fisicamente, aspecto: Se vem, a presença. (TRADUÇÃO FIDEDIGNA DA CONCORDÂCIA BÍBLICA STRONG)

4 165 aion, do mesmo que 104; TDNT – 1:197,31; n m; para sempre, uma idade ininterrupta, tempo perpétuo, eternidade; os mundos, universo; período de tempo, uma era, idade, geração. (Dicionário Bíblico Strong – Sociedade Bíblica do Brasil).

a de que ao vir o Messias, terminaria "a era", tal como a conheciam e viria a "era vindoura".

Os judeus só reconhecem duas eras, a da lei e a do Messias."[5]

Cada vez que se menciona a palavra vinda em Mateus 24, são usadas as palavras parousia e erchomai. Ambas se referem a uma aparição espiritual.

No grego, a palavra usada para presença física é "prosopon", que não aparece em nenhuma destas escrituras, acerca do fim da era.

Parousia, no grego, significa presença e Erchomai é o verbo vir em um tempo gramatical chamado aoristo. Este, não possui relação com o tempo, é algo que existe ou que acontece eternamente.

O mais próximo do português seria a expressão usada pelo centurião romano que se aproxima de Jesus e diz a ele para que cure seu servo.

O centurião faz uma analogia de sua autoridade:

"Quando digo a este venha, ele vem". Quando ele vem? Quando for, não é futuro e nem presente. Assim é algo que ocorre nesse verbo no tempo aoristo. É uma aparição de Cristo que acontece continuamente e em tempos específicos da história, como veremos no juízo que Ele mesmo decretou que viria no ano 70 d.C.

Na seção de perguntas no capítulo 12 explicamos o significado de todas as palavras que têm a ver com a vinda de Jesus em Seu Reino.

Ele falou primeiramente que veriam: *"o sinal do filho do homem"* (Mateus 24:30)

Isto ficará claro quando narraremos os sinais que Josefo testifica que aconteceram, justamente, antes da grande queda de Jerusalém. Uma delas foi que vieram os exércitos do céu em carros, sobre as nuvens em cima da cidade (Capítulo 11).

Parte do ministério de Jesus foi pregar o "dia da vingança do

---

 Raptureless (Sem o Arrebatamento) por Johnathan Welton pág. 112 - 113 Publicado pelo autor.

nosso Deus". Era sobre este dia que Ele estava falando nas passagens de Mateus, Marcos e Lucas, referentes ao fim.

"O Espírito de YHWH, o Senhor, está sobre mim, porque me ungiu YHWH; e me enviou para pregar as boas novas aos abatidos, a restaurar os quebrantados de coração a apregoar liberdade aos cativos, e aos prisioneiro abertura de prisão; a proclamar o ano da boa vontade de YHVH, e o dia da vingança do nosso Deus;"

Isaías 61:1-2a

Jesus falou diretamente aos que o escutaram dizendo-lhes:

Assim também vós, quando virdes todas estas coisas, sabei que está próximo, às portas. Em verdade vos digo que não passará esta geração até que tudo isto aconteça.

Mateus 24:33-34

A profecia foi feita a essa geração e estava relacionada com a queda de Jerusalém e a destruição do templo.

Se Jesus disse a **eles** que essas coisas se cumpririam na **geração deles**, teria de se cumprir naquele tempo. De fato, o fim veio 37 anos depois que o profetizou. Por isso, também disse que alguns não veriam a morte antes que chegasse o fim, referindo-se a João, que morreu 30 anos depois deste grande juízo.

Também quando choravam por Ele às mulheres de Jerusalém disse:

"E seguia-o grande multidão de povo, e de mulheres que choravam e faziam lamentação por Ele. Mas Jesus, voltando-se a elas, disse-lhes: Filhas de Jerusalém, não choreis por mim, mas chorai por vós mesmas e por vossos filhos. Porque eis que virão dias em que dirão: Bem-aventuradas as estéreis, e os ventres que não conceberam, e os peitos que não amamentaram. Então começarão a dizer aos montes: Caiam sobre nós; e as colinas: nos cubram."

Lucas 23:27-30

Jesus não estava Se referindo às mulheres de dois mil e tantos anos no futuro, estava falando às que estariam vivas nos juízos de 66 a 70 d.C.

2   A Igreja Primitiva Sabia que o Fim Estava Próximo

Eles sabiam que estavam nos últimos tempos e que esperavam o fim e o juízo que Jesus havia dito sobre Jerusalém. Os apóstolos prepararam aquela geração para esperar "o dia do Senhor".

João sabia:

"Filhinhos, já é o último tempo; e segundo o que ouvistes que o anticristo vem, assim agora tem surgido muitos anticristos; por isto conhecemos que é o último tempo."

I João 2:18

Pedro sabia:

Jesus havia dito aos Seus apóstolos de como a cidade arderia e como todas as estruturas do antigo sacerdócio seriam desfeitas. Quando lemos isto, mais adiante nos escritos de Josefo, ficará para nós muito claro o que Pedro escreveu. Ele estava preocupado com que os novos crentes caminhassem em santidade porque o dia estava próximo.

O ministério de Pedro foi em Jerusalém e ainda que seus escritos fossem copiados e enviados pela Ásia Menor, ele falou diretamente aos judeus e gentios que vivam aí.

"Mas o dia do Senhor virá como ladrão à noite; no qual os céus passarão com grande estrondo e os elementos (estruturas)[6] ardendo serão desfeitos, a terra (território)[7] e as obras que nela há serão queimadas. Uma vez que todas estas coisas hão de ser desfeitas, como não deveis vós andar em santa e piedosa maneira de viver, esperando e apressando-vos para a vinda do dia de Deus, no qual os céus, ardendo-se, serão desfeitos e os elementos, sendo queimados, se fundirão!"

II Pedro 3:10-12

A palavra grega para "elementos" é stoicheion e se refere às estruturas ou rudimentos da lei mosaica. Esta palavra é mencionada 5

---

6   A tradução em muitas Bíblias diz elementos, mas a palavra grega usada aqui é "Stoicheion" que quer dizer estrutura ou fundamento.

7   A palavra grega usada aqui é "ge", que quer dizer um território determinado.

vezes no Novo Testamento.[8]

Segue uma das passagens que menciona esta palavra:

"Assim, também, nós quando éramos crianças, estávamos na escravidão sob os rudimentos (stoicheon) do mundo."

Gálatas 4:3

Pedro também afirmar a proximidade do na seguinte passagem:

"Mas o fim de todas as coisas se aproxima; sede, pois, sóbrios, e vigiai em oração."

I Pedro 4:7

Paulo sabia:

O autor de Hebreus, possivelmente Paulo, sabendo que o dia estava próximo e que seria um tempo horrível de tribulação, escreveu:

*"Pois conhecemos ao que disse: Minha é a vingança.
Eu dou o pagamento, diz o Senhor. E outra vez: O Senhor julgará a seu povo.
Coisa horrível é cair nas mãos do Deus vivo! Porque ainda que um pouquinho, e o que há de vir virá, e não tardará."*

Hebreus 10:30-31 e 37

Também escreveu aos Coríntios:

"E estas coisas aconteceram como exemplo e estão escritas para nos admoestar, a quem tem alcançado o fim dos séculos."

I Coríntios 10:11

Tiago sabia :

"Tende vós também paciência e afirmai os vossos corações; porque

---

8   Gl. 4-3,9 ; Cl.2:8, 20; Hb. 5:12.

a vinda do Senhor se aproxima.
Irmãos, não vos queixais uns contra os outros para que não sejais
condenados; eis aqui, o juíz está à porta."

Tiago 5:8-9

Os doze sabiam:

"Quando vos perseguirem nesta cidade, fugi para a outra; porque
em verdade vos digo, que não acabareis de percorrer todas as cida-
des de Israel, antes que venha o Filho do Homem."

Mateus 10:23

"Em verdade vos digo que há alguns dos que estão aqui, que não
provarão a morte, até que tenham visto ao Filho do Homem vindo
em seu reino."

Mateus 16:28

O Sumo Sacerdote o escutou:

Jesus declarou a ele que a partir daquele momento veria ao Senhor vindo nas nuvens.

"Disse-lhe Jesus: Tu o disseste; digo-vos, porém, que, a partir de
agora, vereis o Filho do Homem assentado à direita do Todo-pode-
roso, e vindo sobre as nuvens do céu."

Mateus 26:64

3   A Página da Grande Confusão

Hoje, passaram-se mais de dois mil anos desde que se escreve-
ram os Evangelhos e as cartas neotestamentárias. Por mais de 300
anos eles permaneceram espalhados e ocultos da humanidade.

No ano 397, tempo em que se compilava o cânon do Novo Testamento, no concílio de Cártago, a igreja já estava em grande decadência. O Espírito Santo era totalmente ignorado e já havia se trans-
formado em um sistema hierárquico e nicolaíta.

Nessa época, a igreja católica (que era a única que existia) sentia grande ódio dos judeus, já que foram os responsáveis diretos pela crucificação de Cristo. Também influi a este ódio o fato de que a Igreja estava romanizada e Roma odiava os judeus, por isso os destruiu.

Querendo, portanto, separar os judeus, aqueles que compilavam os manuscritos apostólicos decidiram que tudo o que tivesse a ver com Cristo não deveria se misturar com o Antigo Testamento.

Pensaram então em começar o Novo Testamento com os Evangelhos. Desta maneira, o Cristianismo ficaria separado do Judaísmo.

Ao fazer isto, colocando a página "O Novo Testamento" entre Malaquias e Mateus, mudaram todo o sentido de interpretação do que Jesus fez e disse.

Jesus é o princípio e o fim, o Alfa e o Ômega. Ele é o cumprimento de todo o Antigo Testamento. Ele é o cumprimento de toda justiça, o cumprimento da Lei. Ele é a chave de ouro que encerra o Antigo Testamento e este é coroado com o derramamento do Espírito Santo, profetizado por Joel.

O Novo Testamento deve começar quando Cornélio recebe a Salvação em Atos 10. É nesse momento que a obra do Deus Eterno se estende ao mundo dos gentios e todas as coisas são feitas novas. Antes disso YHWH e seu Filho Yeshua (Jesus Cristo) são o Deus dos judeus e de ninguém mais.

4   A Tragédia da "Vírgula" Fora do Lugar

Um exemplo claro que nos ajudará a entender a grande tragédia desta página mal colocada, é a de uma vírgula fora do lugar.

Se eu digo: Não faremos a obra de Deus. Implica que não vamos fazê-la. Mas se eu digo: Não, faremos a obra de Deus. Significa o oposto. O mesmo sucede com a Página Intermediária mal colocada.

Se está depois de Malaquias, então quer dizer que Jesus não é o Messias de Israel que viria cumprir a Lei. É um Messias cristão separado de Israel que não falou aos judeus, mas para todo o mundo, as promessas e juízos são só para a Igreja e não para Israel. Isto faz com que vejamos as profecias que Ele falou sobre o fim, em um futuro e como algo que tem de se cumprir em nosso tempo.

Também faz com que os judeus não reconheçam a Jesus como parte de sua história, mas como o Messias de uma nova religião chamada "O Cristianismo". Sendo ainda uma palavra de origem grega, faz com que um judeu não queira nada com Jesus. Uma GRANDE TRAGÉDIA!

Agora, se a página está no lugar correto, Jesus é o Messias de Israel, é parte de sua história e o cumprimento de toda Lei e dos profetas. Vendo-O desta maneira e sendo o ministério de Yeshua (Jesus) somente aos judeus, todas as profecias do fim dos tempos se cumpriram sobre essa geração.

"E disse-lhes: Estas são as palavras que vos falei, estando ainda convosco: que era necessário que se cumprisse tudo o que está escrito de mim na lei de Moisés, nos profecias e nos salmos. Então abriu-lhes o entendimento, para que cumprissem as Escrituras."
Lucas 24:44-45

A IMPORTÂNCIA DE SE CONHECER A HISTÓRIA

1 Uma Pequena História de um Homem Ignorante

Em um dos montes dentre os Pirineus, na Europa, vivia um aldeão ignorante e alheio a todas as notícias mundiais. Embora já estivesse em pleno século XXI, o casebre em que estava sua habitação carecia dos mais elementares recursos da civilização.

Um dia, caminhando pelo monte, encontrou-se com os restos de um antigo acidente de avião e dentro havia um jornal desfolhado e meio queimado. Curioso, o tomou e leu: "Hitler declara a guerra mundial".

Totalmente ignorante de quem era este homem e da história da Segunda Guerra Mundial, assustou-se grandemente ao ver a notícia. Confundido, correu a seus vizinhos para lhes contar que estavam em guerra. Eles, por sua vez, divulgaram as notícias aos povos mais próximos gritando por todos os lados: "Estamos em guerra, o fim vem, façamos provisões e nos escondamos em esconderijos e covas!"

Ninguém se perguntava de onde viera a informação e se era verdadeira ou não. Somente assumiam que ela era correta e que haviam de tomar as medidas necessárias, além de avisar o máximo de pessoas que conseguissem.

Muitos, então, abandonaram seus trabalhos, os que se casariam suspenderam seus planos, os jovens que tinham anelo de estudar, desistiram; e todos correram para se esconder.

Esta história, tão ridícula como parece ser, é a realidade de todos os que ignoram a História.

É impossível interpretar corretamente a profecia veterotestamentária e as profecias de Jesus sobre o fim ignorando a história que viveu Israel e os crentes do primeiro século.

A Igreja e seus teólogos baseiam suas conjecturas em poucas cartas que temos no Novo Testamento, deixando de fora todo o contexto histórico que viveu a igreja primitiva sob o domínio de Roma.

Deus permitiu que, além dos escritores do Novo Testamento, tivessem historiadores e correspondentes que escrevessem a História. Eles foram testemunhas vivas das coisas que Israel viveu antes da destruição total da nação.

Dentre eles, o mais famoso, se chamou Flávio Josefo.

Minha intenção nestas páginas é dar a você, querido leitor, um resumo com excertos dos livros de Josefo que o levem a conhecer a história e o cumprimento de todas as profecias bíblicas do "fim dos tempos".

A obra mais importante que Ele escreveu chama-se "As Antiguidades dos Judeus" e compreende 20 livros. A segunda e mais relevante, para interpretar as profecias de Jesus sobre o fim dos tempos, se denomina: "As Guerras dos Judeus".

Nas obras, todo o período greco-romano da história de Israel é narrado em detalhes, e estão escritas em sete livros nos quais se descrevem com precisão os grandes conflitos que havia em Israel e as guerras contra os romanos. Tais guerras começaram no ano 66 d.C. e chegaram ao ápice três anos e meio depois, no ano 70 d.C. com a total destruição de Jerusalém. Outros três anos e meio mais tarde, Israel foi completamente destruído, sendo o último refúgio, a fortaleza de Massada, onde os últimos judeus se suicidaram de forma massiva.

FLÁVIO JOSEFO

Quem foi Flávio Josefo?

1   A Autobiografía de Josefo

Ele mesmo relata sua procedência de uma família da alta hierarquia sacerdotal e parte das 24 famílias principais da nobreza de Israel. Nasceu no ano 37 ou 38 da nossa era, no primeiro ano do reinado do imperador Calígula.[9]

Josefo, escreve de si mesmo:

> "Caminhei pelo estudo e o aproveitei notavelmente dando mostra de minha vantagem tanto em entendimento como em memória, de modo que quando eu tinha catorze anos, já tinha fama de letrado; os pontífices e os principais, tomavam conselho comigo sobre o sentido mais cativante da lei. Depois que já entrei nos meus dezesseis anos de idade, determinei ver o que diziam as seitas que havia entre nós, que eram três: Fariseus, Saduceus e Essênios."[10]

Estas seitas representavam, respectivamente: a direita, a esquer-

---

9   Imperador Romano durante os primeros anos do Cristianismo.

10   Las Guerras de los Judíos por Flávio Josefo, Tradução para o Espanhol: Martín Cordeiro. Edição 1557. Editora Plaza. Pág. 16.

da e a extrema esquerda do legalismo judaico. Delas, falaremos mais adiante.

Ele conheceu estas seitas, nas quais os judeus se dividiam, e nos diz que esteve três anos no deserto sob a direção de um ermitão chamado Banos, provavelmente um essênio ou alguém relacionado com esta seita. Quando creu estar suficientemente instruído, deixou seu retiro e aderiu ao farisaísmo.

2   Josefo e Sua Aliança com Roma

No ano 64, reinando Nero, Imperador Romano, sendo Félix governador da Judeia, Josefo foi encarregado de ir até Roma com a missão de solicitar a liberdade de dois fariseus detidos pela autoridade romana. Ali foi apresentado à imperatriz Pompeia, esposa de Nero, que se achou bem-disposta a favorecer o povo judeu, deixando ir livres os judeus presos e outorgando grandes graças.

Crê-se que dessa instância, em Roma, veio seu sentimento, não de lealdade imediata aos romanos, mas, pelo menos, da convicção de que o poder romano era invencível e desafiá-lo se constituiria em uma loucura por parte dos judeus.

Pouco depois de regressar para a Judeia, estourou a revolta do ano 66; e ele se pôs a serviço de Roma após a derrota da Galileia, mas com uma confiança já previamente desfalecida.

Josefo havia liderado a defesa da Galileia nesse ano. O exército judeu desertou aterrorizado diante do avanço das legiões romanas e se refugiou em uma caverna onde decidiram se suicidar. Josefo o administrou de modo a ficar até o último momento e decidiu se entregar aos romanos.

Levado diante de Vespasiano, Josefo predisse que em menos de um ano o general seria imperador romano. Esta previsão deu-lhe graça diante de Vespasiano, que poupou a sua vida, influenciado também pelo fato de Josefo ter amizades influentes em Roma.

Ainda que sua verdadeira lealdade e amor foi primeiro para com sua nação, que como já dissemos, o tinha como líder e nobre entre eles, Josefo serviu também como historiador e correspondente do povo romano. E mais tarde vai se tornar o conselheiro judeu de Tito.

Isto fez com que pudesse, fidedignamente, testemunhar o que acontecia nos dois lados.

Desde o campo dos romanos, ele pode se inteirar com muitos detalhes do cerco a Jerusalém. A partir dali, insistiu em vão com os judeus para pôr um fim à guerra, pois temia por seus compatriotas as consequências de sua teimosia.

Considerando que se trata de um homem que sabia manejar bem a pena, tanto escrevia em aramaico quanto em grego, eruditos se lamentam dele não dar maiores detalhes das fontes que utilizou em seu trabalho. Porém, o fato dele ser uma testemunha ocular diz muito a seu favor, já que fala de sua experiência. Ainda há de se notar que Josefo é mais que um historiador. Ele era um apologista que, por sua vontade, acumulava os fatos de seu especial interesse.

Sobretudo para os cristãos, as obras de Josefo são indubitavelmente de valor histórico inestimável para compará-las com os relatos inspirados que temos no Novo e, também, no Antigo Testamento.

Depois do saque e da tomada da cidade santa (no ano 70 d.C.), Josefo supôs ser sensato escapar da provável vingança de alguns patriotas exaltados que criticavam sua conduta e seguiu a Tito para Roma. Ali, foi-lhe concedido a cidadania romana e tomou o nome de Flávio como convinha ao importante judeu que mantinha contato frequente com Vespasiano e Tito (Imperadores da dinastia Flávia).

A DESTRUIÇÃO DE JERUSALÉM E DO TEMPLO NA HISTÓRIA

É importante situar o leitor no contexto histórico dos domínios que subjugaram Judá, antes mesmo do século primeiro. Isto permitirá entender o que vinha sucedendo, quais foram as circunstâncias e personagens que levaram Israel à decadência. A partir daí, entraremos nas guerras dos judeus e os fatos que conduziram à total destruição desta nação.

1 Jerusálem Foi Tomada Várias Vezes na História

Antes do nascimento de Jesus, Jerusálem havia sido destruída várias vezes. Nem todas as profecias que falam da destruição de Jerusalém se referem à devastação final do ano 70.

Houve profetas que se referiram às destruições anteriores e à reconstrução de dois diferentes templos que seriam edificados depois do templo de Salomão.

Josefo escreve a respeito das diferentes destruições:

"A Primeira destruição foi pelo rei da Babilônia, depois de 1360 anos, oito meses e seis dias após ter sido fundada. Em seguida, pelo rei do Egito Asoqueo e por Antíoco Epifânio da Grécia. Em seguida, vieram Pompeu (que destruiu parcialmente o Templo) e depois Sósio e Herodes tomaram-na também, mas a conservaram, sendo que Herodes edificou o último Templo."

"O primeiro que a edificou ou fundou, foi um poderoso cananeu chamado Melquisedeque, que quer dizer varão justo na língua pátria e, certamente, ele assim o era, pelo qual foi o primeiro que serviu e administrou o sacerdócio a Deus; e começando este a edificar o Templo, chamou a cidade de Jerusalém, porque antes se chamava Salém".

2   Destruição de Jerusalém pelo Rei Nabucodonosor da Babilônia

Esta destruição foi profetizada por Isaías[11] e Jeremias.[12]

Aconteceu, aproximadamente, no ano 586 a.C, no dia sete de Av, que é o quinto mês. Nabuzaradã, capitão da guarda da Babilônia, destruiu o templo que, com tanto esforço, foi construído por Salomão. A Bíblia registra este fato trágico:

"No sétimo dia do mês quinto do ano 19 de Nabucodonosor, rei de Babilônia, veio a Jerusalém Nabuzaradã, capitão da guarda, servidor do rei de Babilônia. Incendiou a casa de YHWH, a casa do rei e todas as casas de Jerusalém; incendiou todos os grandes edifícios. Os caldeus destroçaram as colunas de bronze que estavam na casa de YHWH, assim como as bases das pilastras móveis e a fonte de bronze que estavam na casa de YHWH; e levaram o bronze para Babilônia. Também tomaram as caldeiras, as pás, os apagadores, as colheres e todos os utensílios de bronze, com que se servia. O capitão da guarda levou também os incensários, as bacias para aspersão, tanto os de ouro quanto os de prata. Quanto às duas colunas, a fonte e as bases das pilastras móveis que Salomão fizera para a casa de YHWH, não houve maneira de pesar o bronze de todos estes objetos."

II Reis 25:8,9, 13-16

---

11   760-700 a.C.
12   650-586 a.C.

"A casa do nosso santuário e da nossa glória, na qual te louvaram nossos pais, foi consumida pelo fogo. E todas as nossas preciosas coisas foram destruídas".

Isaías 64:11

Aquele formoso Templo que fora cheio da glória de Deus, foi reduzido a escombros e ao opróbrio dos povos 403 anos depois de sua construção.

Durante quatro séculos, Deus suportou o pecado do povo judeu até que sua maldade trouxe a ruína.

Durante o cativeiro babilônico, houve também profetas que profetizaram a reedificação do Templo. São estes: Ezequiel, Ageu e Zacarias. Estes se referiam à vontade de Deus em edificar outra vez o Templo, antes da vinda do Messias.

Jesus, dentre muitas coisas, viria para destruir o antigo sistema do Templo e para isso necessitava ser reconstruído. O Templo foi destruído e reconstruído duas vezes antes que viesse o Filho de Deus.

3 O Templo Reedificado Durante o Império Medo-Persa

Após o retorno do cativeiro da Babilônia, durante o Império Medo-Persa, o Templo de Jerusalém foi reedificado, aproximadamente, no ano 417 a.C.

Para os judeus foi uma festa de grande alegria, porque, novamente, poderiam servir a Deus no Templo. Este Templo foi muito menor e moderado em comparação ao que fora edificado por Salomão. Tal templo foi construído por Zorobabel com ajuda de Ciro, o rei da Pérsia.

"As mãos de Zorobabel lançaram o alicerce desta casa e suas mãos a acabarão; e conhecerás que YHVH dos Exércitos me enviou a vós. Porque os que menosprezaram o dia das pequenas coisas se alegrarão e verão oprumo na mão de Zorobabel. Estes são os olhos de YHVH, que percorrem toda terra".

Zacarias 4:9-10

O povo continuou desobedecendo a Deus, motivo este que viria um novo jugo e uma nova destruição.

4 A Judeia Sob os Impérios Grego e Romano, Séculos II e I a.C.

Já para o século II antes de Cristo, o Império Grego dominava uma grande parte do mundo conhecido, incluindo Israel. (Ver Figura 1).

Figura 1 – Mapa do Império Grego.

Fonte: Adquirida pela autora.

Dois grandes grupos dentre os gregos, lutavam entre si pelo poder do império, o primeiro grupo de Ptolomeu e o outro de Antíoco Epifânio.

Antíoco Epifânio foi um homem perverso e um tirano que trouxe grande destruição sobre Israel. Elefoi imperador grego da dinastia selêucida (parte central) durante os anos de 212 e 163 a.C.

Nesse tempo, os príncipes dos judeus, que representavam as seitas dos fariseus e dos saduceus estavam em grande conflito uns contra os outros. Entretanto, Antíoco Epifânio organizou uma expedição contra Jerusalém.

Josefo, como historiador, escreve acerca desse período:

"De maneira que, com muita gente de guerra, saiu para seguir este ataque; e depois de ter combatido a cidade com grande força, a tomou e matou uma multidão dos amigos de Ptolomeu, dando permissão aos seus para saquear a cidade. Ele mesmo roubou o Templo e proibiu pelo período de 3 anos e seis meses o prosseguimento da religião cotidiana."[13]

"Mas não se contentou Antíoco em ter tomado a cidade nem de tê-la destruído, nem com tantas mortes. Antes, desenfreado em seus vícios, começou a constranger os judeus a rejeitar o costume pátrio, para não circuncidarem a seus meninos e para sacrificarem porcos sobre o altar; coisas a que todos se opunham e os que se mostravam bons em defender esta causa, eram mortos."[14]

Segundo o livro de Macabeus, Antíoco promulgou várias ordenanças de cunho religioso: tratou de suprimir o culto a YHWH, e estabeleceu o culto aos deuses gregos. Todavia, o sacerdote judeu Matatias e seus dois filhos chamados Macabeus conseguiram levantar a população contra isso e o expulsaram. A festa judaica do Hannukah comemora este feito.

4.1 O Império Romano

Chama-se de Império a última etapa da história romana na qual Roma foi governada por imperadores. Eles implantaram um governo absoluto, concentrando em sua pessoa todos os poderes: políticos, militares, religiosos e administrativos. Esta etapa se iniciou no ano 29 a.C., com o governo de Augusto (Otávio) e se encerrou com o governo do último imperador romano, Rômulo Augusto, no ano 476 d.C., devido às invasões bárbaras do século V. (Ver Figura 2).

---

13   Josefo, Las Guerras de los Judíos Livro 1 Capítulo 1 pág. 67.

14   Josefo, las Guerras de los Judíos Livro 1 Capítulo 1 pág; 67.

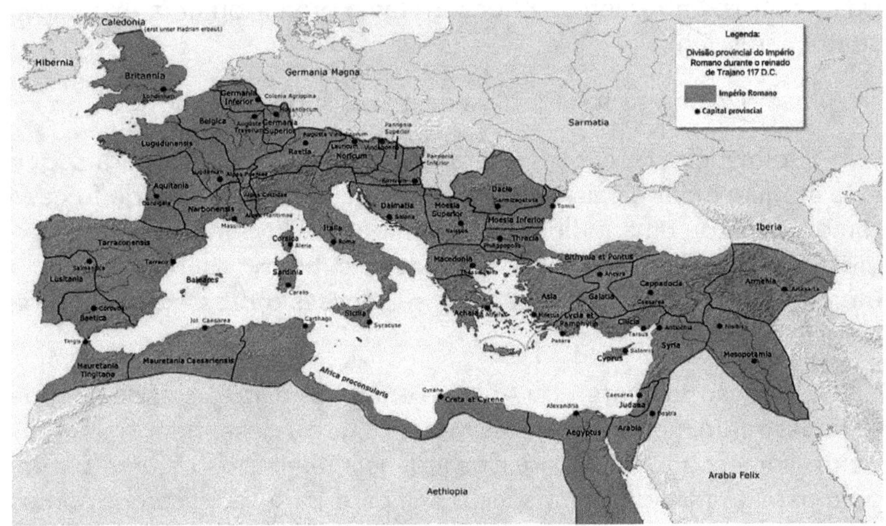

Figura 2 – Domínio do Império Romano.
Fonte: Adquirida pela autora.

4.1.1 Pompeu, o Magno

No ano de 63 a.C., tempo no qual Roma conquistava o Império Grego, houve um político e general romano chamado Pompeu. Este foi um dos que tomou Jerusalém e profanou o templo deixando-o muito danificado.

Depois, tratou de se regozijar com os judeus promovendo entre eles a restauração do sacrifício.

Flavio Josefo narra em " As Antiguidades dos Judeus" as coisas que aconteceram neste lugar.

"Dos judeus caíram doze mil, mas dos romanos foram muito poucos [...] foram muitos os danos causados no Templo que em épocas anteriores, não era acessível, nem visto por ninguém." (Ver Figura 3).

Figura 3 – Pompeu e os mortos dentro do Templo.
Fonte: Adquirida pela autora.

"Pompeu, e também muitos que estavam com ele, entraram no Templo. Eles viram que era ilícito que viesse qualquer homem diferente dos sumos sacerdotes. Esse general não tocou em nada disso devido à sua consideração para com a religião; e nisto, também atuou de modo a ser merecedor de virtude. No dia seguinte, deu a ordem àqueles que estavam a cargo do Templo para que o limpassem e que levassem a Deus as ofertas que a lei exigia. Restaurou também o sumo sacerdócio de Hircano da seita dos Fariseus."[15]

4.1.2 "Herodes, o Grande", Rei da Judeia

Herodes, o Grande, converteu-se no rei da Judeia, em 40 a.C. Nesse período, o edifício havia sofrido consideravelmente devido à depreciação natural, bem como aos ataques hostis dos exércitos.

Herodes, desejoso por obter o favor dos judeus, se propôs a reconstruí-lo. O trabalho se iniciou aproximadamente no ano 25 a.C.;

---

15   Josefo, *Antiguedades de los Judíos* livro 14, capítulo 4.

realizou um grande trabalho e gastos, enchendo o Templo de esplendor. Por esse motivo, chamou-se "Templo de Herodes" ou Segundo Templo. Foi precisamente esse Templo, do qual nosso Senhor Jesus Cristo expulsou os mercadores que o haviam convertido em covil de ladrões e centro de negócios. O povo continuava distante da vontade de Deus, pelo que Jesus profetizou contra o Templo:

"Quando Jesus saiu e ia ao templo, acercaram se dele seus discípulos para lhe mostrar os edifícios do templo. E Ele, respondendo, disse-lhes: Não vês tudo isto? Em verdade vos digo que aqui não ficará pedra sobre pedra que não seja derrubada".

Mateus 24:1 e 2

Veremos nessas páginas, que esta profecia se cumpriu no ano 70 de nossa era, quando Tito, o general romano, invadiu Jerusalém e destruiu o Templo em 9 de Av do calendário judaico. Curiosamente, isso ocorreu, exatamente, 2 dias depois do aniversário de 656 anos da destruição do Templo de Salomão feita pelos babilônios. Alguns, dentre eles Flávio Josefo, asseguram que foi no mesmo dia.

5   Quem São os Que Governaram Roma no Século I?

5.1 Calígula, Cláudio e Nero, Da Dinastia Cláudia

No tempo de Jesus, reinava como imperador de Roma, Calígula e sobre a Judeia, regia Herodes Agripa I. Após este imperador, vieram Cláudio César e Nero, que incendiou Roma pela primeira vez. Estes três perseguiram violentamente os cristãos lançando-os aos leões, crucificando-os e queimando-os vivos no circo romano. Contudo, eles não foram os únicos.

5.2 Os Imperadores Sem Dinastia

A morte de Nero se deu no inverno de 68. Após esse evento, advieram três imperadores que governaram um após o outro pelo período de um ano, em curtos espaços de tempo. Estes foram Galba, Oton e Vitélio. Inclusive, esse período pode ser considerado como um só governo que regeu durante as guerras civis.

5.3 Vespasiano e Tito, da Dinastia Flávia

Após este período, foi coroado o imperador Vespasiano, que foi general do exército de Nero. Este regia o Império durante a destruição de Jerusalém no ano 70, tanto que seu filho Tito, com seus exércitos, seria o general que a lideraria.

É importante conhecer estes nomes porque nos ajudará a entender como se desenvolveu a história, bem como se cumpriu a profecia.

Jesus, em Sua glória, profetizou o Apocalipse aproximadamente no ano 67 d.C.[16], advertindo Seu povo sobre as coisas que logo estariam para acontecer. Jesus queria animá-los e dar-lhes entendimento da grande destruição que viria por meio do Império Romano sobre Jerusalém e sobre toda Judeia.

"Isto é para a mente que tenha sabedoria: As sete cabeças são sete montes, sobre os quais a mulher está assentada.
E são sete reis; cinco deles caíram, um é; e outro ainda não é vindo; e, quando vier, convém que dure um pouco de tempo.
E a besta que era e já não é, e ela também o oitavo, e é dos sete, e vai à perdição."

Apocalipse 17:9-11

A besta simbolizava o império romano, personificada em Nero, que começa a destruição da nação judia no ano 66 d.C., através do envio do general Vespasiano para sitiar Jerusalém e tomar a nação.

O Império Romano era constituído de cerca de 20 nações (Ver figura 2). Isto fazia com que fosse uma mescla de ferro com barro, tal como profetizou Daniel ao rei Nabucodonosor da Babilônia quando teve o sonho da grande imagem.

Esta imagem representava os quatro impérios que conquistaram a Israel, e que a corromperam: Babilônia, Pérsia e Roma. Os pés simbolizavam o Império Romano e a Rocha que é Jesus, viria destruir toda a estrutura de corrupção acumulada por setecentos anos.

Ao cair esta estrutura, o Reino de Deus se estabeleceria e Jesus

---

16   Alguns pensam que o Apocalipse fora escrito no ano de 95, mas isto é incorreto já que no capítulo 11 está prevista a destruição da cidade e do templo que sucederam no ano 70 d.C.

governaria com seus santos.[17]

"Assim como viste o ferro misturado com barro, se misturarão por meio de alianças humanas; mas não se unirão um ao outro, assim como o ferro não se mistura com o barro. Nos dias destes reis o Deus do céu levantará um reino que não será jamais destruído, nem será o reino deixado a outro povo; esmiuçará e consumirá a todos estes reinos, mas ele permacerá para sempre."

<u>Daniel 2:43-44</u>

Pois bem, voltando à passagem dos oito reis em Apocalipse 17, vejamos quem são estes reis.

No quadro a seguir, vemos 5 reis da Dinastia Júlio-Claudiana e entre estes, Nero, que é mencionado como "o que é" (Nero era imperador no ano 67 quando Jesus profetizou no Apocalipse).

Após este, segue o período de três imperadores "Sem dinastia" durante as guerras civis no ano 69 d.C. A estes pode-se considerar como o sexto rei.

Ao final desse ano, surge a Dinastia Flaviana, com Vespasiano, o sétimo rei. Na sequência, seu filho Tito o sucede e toma o Império de seu pai.

O filho de Vespasiano é o oitavo, mas, também, o sétimo, por causa da sua linhagem sanguínea. (Ver Figura 4).

17　　Daniel 2:36-45.

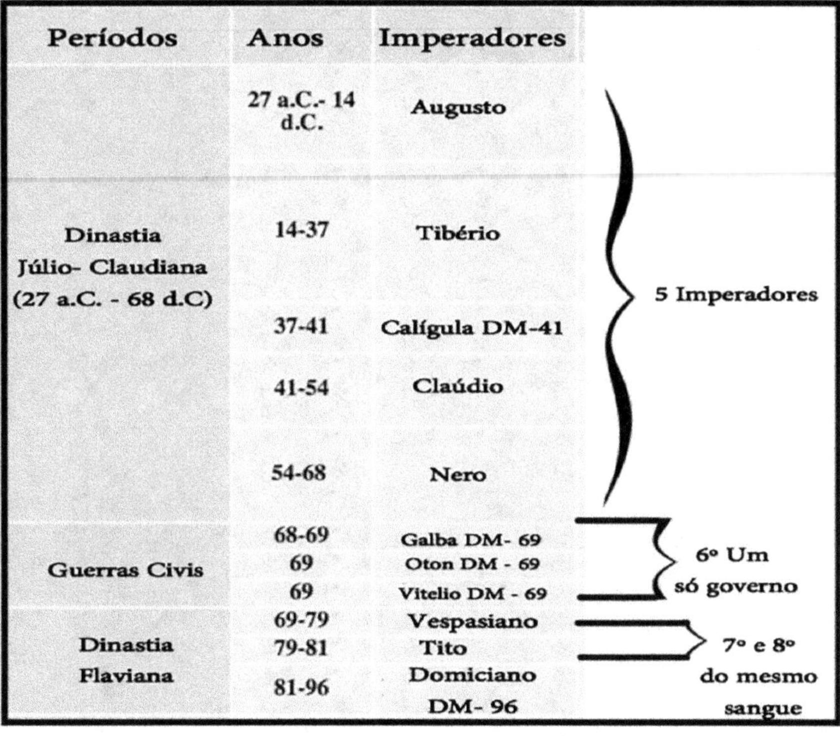

Figura 4 – Os Imperadores do 1º século.

Fonte: Adquirida pela autora.

AS SEITAS E OS PERSONAGENS MAIS IMPORTANTES NAS GUERRAS ENTRE OS JUDEUS

1 As Seitas Judaicas e os Movimentos Políticos que Provocaram os Conflitos

A nação de Israel estava dividida em três seitas religiosas: A dos Fariseus, a dos Saduceus e a dos Essênios. Além destas veremos surgir naquele tempo, um movimento político muito importante chamado Os Zelotes.

Também apresentaremos os tiranos judeus que foram considerados como Messias, os quais causaram a destruição interna ou a guerra civil e seus apoiadores.

1.1 As Três Seitas do Judaísmo

1.1.1 Os Saduceus

"Eram o partido de direita do legalismo judaico. Recrutavam seus membros dentre a nobreza, os sacerdotes e os que hoje chamaríamos de intelectuais. Além disso, eram sequazes (partidários) do helenismo e não criam em uma missão especial de caráter sagrado por parte dos judeus como consequência do chamado de Abraão. Não admitiam nem a fé na ressureição dos mortos, nem na angelologia dos fariseus e não tinham simpatia nenhuma pelo Messianismo".

"Os encontramos com frequência unidos aos sacerdotes e escribas como inimigos confederados de Jesus Cristo, já que, ainda que pareça incongruente, alguns dos sacerdotes pertenciam a esta seita cética. Eram os políticos realistas, aos quais parecia utópica a ideia de uma dominação judaica do mundo. Formavam uma minoria bem pequena, mas de grande influência nos dias de Cristo."

"Eles diferiam entre si com costumes muito ferozes e não viam com bons olhos os estrangeiros, antes, eram desumanos para com os mesmos."

1.1.2 Os Fariseus

"Estes, por outro lado, pertenciam à classe média do povo e formavam um partido legalista estritamente judaico. Sustentavam que os judeus deviam ser um povo santo, dedicado a Deus e criam no Reino de Deus. Destacavam-se muito na sinagoga, lugar onde o povo recebia instruções dos mais cultos entre eles, e por essa razão eram muito admirados pelo povo".

"Estes costumam atribuir as coisas a Deus e ao destino. Dizem que o fazer o bem ou o mal está nas mãos dos homens, mas que em tudo o destino pode lhes ajudar. Diziam, também, que todas as almas são incorruptíveis, entretanto, que passam aos corpos de outros somente as boas, e as más são atormentadas com suplícios e tormentos que nunca se acabam".[18]

Os fariseus amavam-se entre si e faziam o bem uns aos outros.

Saulo de Tarso era um dos poucos fariseus sinceros e foi escolhido pelo Senhor.

---

18   Pág. 214.

1.1.3 Os Essênios

"Quanto a estes, sabemos que formavam uma pequena minoria religiosa que vivia em comunidades, de um modo muito parecido com os frades de nossos tempos. Todavia, sua ideologia era tanto política quanto religiosa. Procuravam pôr em prática um humanitarismo muito estrito, um verdadeiro reino de Deus sem nenhuma restrição do Estado e sem leis civis".

"Os essênios se consideravam o povo escatológico de Deus, pois criam que seu cumprimento da lei traria a intervenção divina em forma de uma guerra que poria fim a todos os governos da Terra. Portanto, para a admissão na seita, era requerido um noviciado de vários anos, a renúncia à propriedade privada e, em muitos casos, ao matrimônio.

Uma vez aceito, o novo membro, trabalhava na agricultura e nas artes manuais, mas, acima de tudo, dedicava-se ao estudo das Escrituras. Tinham, ainda, assembleias comunitárias, praticavam abluções diárias e exames de consciência".

2 Os Movimentos Políticos de Revolta e os Falsos Messias Que Se Levantaram

2.1 Os Zelotes ou Zelotas

Foi um movimento político nacionalista, do século I, fundado por Judas, o Galileu, pouco depois do nascimento de Jesus. O nome se refere ao zelo que seus membros tinham por YHWH.

Era, em sua época, a seita mais violenta do judaísmo e que, frequentemente, enfrentava as outras. Um exemplo disso é que acusavam os fariseus e saduceus de terem "zelo pelo dinheiro". O vocábulo zelota tem sido sinônimo em vários idiomas de intransigência ou radicalismo militante.

Alguns historiadores os consideram como um dos primeiros grupos terroristas da História, já que utilizavam o homicídio de civis (os que colaboravam com o governo romano) para dissuadir outros a fazerem o mesmo. Dentro do movimento zelota, uma facção radicalizada conhecida como os sicários, se distinguiu por sua particular virulência e sectarismo.

Seu objetivo era a existência de uma Judeia independente do Império Romano mediante a luta armada, tal como veremos no desenvolvimento destas páginas. Após a grande queda de Jerusalém, no ano 70, eles ocuparam a Fortaleza de Massada, servindo como o último refúgio dos zelotes. Três anos depois, não querendo se render aos Romanos, se suicidaram massivamente naquele lugar.

2.2 João de Giscala

"Porque se levantarão falsos Cristos, e falsos profetas, e farão grandes sinais e prodígios, de tal maneira que, se possível for, enganariam até os escolhidos."

Mateus 24:24

Com a morte de Judas, o Galileu, fundador do movimento Zelote, surgiu um novo líder chamado João de Giscala. Devido à ideia que tinham, os fariseus, de que o Messias os libertaria de seus opressores, os romanos consideraram João seu Messias, devido à ferocidade e crueldade com que pelejava contra Roma.

Josefo escreve sobre ele:

"Movia-lhes para que se rebelasse um filho de Levitas, chamado pelo nome de João, homem enganador, de costumes mundanos e variados. Era, ainda, homem dado ao fazer o que vinha pela cabeça e conhecido por todos por se fazer poderoso, movia a guerra. A companhia dos sediciosos e amigos de maldades obedeciam a este e faziam tudo o que ele mandava.[19]"

2.3 Simão Bar Giora

"Levantou-se, então, outro iluminado sedento por sangue chamado Simão Bar Giora, também conhecido como Simão Ben Kojba.

---

19   Las Guerras de los Judíos, Livro 4, Capítulo IV, pág. 372.

Ele conseguiu reunir uma grande força de judeus descontentes, organizando assim um partido de malfeitores violentos.

Seu nome entrou para a História quando Taná Ravi ben Iosef, sábio rabínico e pessoa influente no Sinédrio, concedeu-lhe o nome de Bar Kokeba (do aramaico "Filho de uma Estrela", em referência ao versículo bíblico de Números 24:17,'surgirá uma estrela de Jacó'), de maneira que Akiva assinalou Ben Kojba como o autêntico Messias que libertaria a povo judeu de seus opressores[20].

Durante a guerra contra Roma, o povo de Israel sangrava a si mesmo em inúteis guerras civis. Em Jerusalém, os zelotes andavam a golpes, entre si, divididos em dois grupos: os de João e os de Simão.

Quando Simão Bar Giora chegou a Jerusalém, enfrentou-se com João de Giscala em uma horripilante matança que durou dias e dias, ocasião em que morreram milhares de judeus inocentes, presos entre os dois bandos.

Ambos se dedicavam a queimar as provisões uns dos outros; as mesmas que poderiam ter ajudado a manter alimentada a enorme população presa pelo cerco romano.

2.4 Os Judeus Dispersos Por Toda Ásia e Europa

É importante entender que os judeus não estavam concentrados em Israel no tempo de Jesus, nem no primeiro século. Durante as guerras dos judeus, Roma arremeteu-se, fortemente, conquistando o lugar onde havia assentamento judaico.

Estes diferentes assentamentos judaicos são aqueles dos quais Jesus se referia como as nações que haviam de ser julgadas. Também recebem o título de "nações gentis", os reinos que formavam o mundo daquele tempo sob o jugo de Roma.

Como exemplo disto, vemos as nações judaicas que se reuniram na Festa de Pentecostes, quando o Espírito Santo foi derramado.

---

20   Histórias da História   Javier Sanz. Disponível em:
http://historiasdelahistoria.com/2012/06/25/simon-ben-kojba-el-verdadero-mesias.

Estes judeus dispersos chamavam-se, entre si, Nações, e como tais, vieram a Jerusalém para celebrar a festa. Eles ficaram maravilhados no fato que os discípulos falassem as línguas de suas nações.

"E estavam atônitos e maravilhados, dizendo: vede, não são todos estes galileus que falam? Como, pois, lhes ouvimos falar cada um deles na nossa língua em que somos nascidos? Partos, medos, elamitas, e os que habitamos na Mesopotâmia, na Judeia, na Capadócia, no Ponto e na Ásia, na Frígia e Panfília, Egito e nas regiões da África para além de Cirene, e romanos aqui residentes, tanto judeus como prosélitos, cretenses e árabes, ouvimos falar em nossas línguas as maravilhas de Deus."

Atos 2:7-11

Todos estes eram judeus. Os gentis não vinham a Jerusalém para celebrar as festas judaicas.

Quando Jesus profetiza que se levantará nação contra nação, refere-se às nações judaicas, as quais se enfrentaram umas contra as outras na guerra dos judeus.

Quando fala que Ele julgaria as nações no vale da decisão, refere-se aos judeus. Sua profecia foi dirigida a Israel e ao fim que se aproximava.

Ao adentrarmos nas guerras que vamos estudar, veremos situações horríveis de irmão contra irmão, nação contra nação, se arremetiam umas contra as outras.

"Porque se levantará nação contra nação, e reino contra reino; e haverá pestilência e fomes, e terremotos em diferentes lugares. E tudo isto será o princípio das dores."

Mateus 24:7-8

NOTAS

Um Pequeno Histórico de Como Se Formaram Estas Nações Judaicas.

Nabucodonosor deportou para a Babilônia grandes grupos de judeus entre 605 e 587 A.C. Apesar do decreto de Ciro, a maioria dos exilados preferiu ficar na Babilônia, por causa das condições econômicas e agrícolas que lhes foram favoráveis. Gradualmente, a partir de 400 a.C. a 200 d.C., foram ocupando várias nações na Europa.

"Josefo descreve a Síria como o país com o maior percentual de habitantes judeus que foi, provavelmente, devido à proximidade com Israel. Em particular, havia importantes centros judaicos na capital, eram estes: Antioquia, Damasco e Apameia. Muitos judeus viviam na Síria e na Ásia Menor, cujo assentamento judeu foi muito encorajado pela política dos reis Selêucidas (Império Grego), que governavam grande parte da Ásia Menor. Havia muitos judeus, também, nas diversas ilhas do Mediterrâneo Oriental [...] Muitos viviam em Creta, Delos, Paros, Melas, Eubeia dentre outras".

"[...] havia judeus em todos os centros urbanos da Grécia e Macedônia [...]. De acordo com Atos dos Apóstolos, existia comunidades judaicas em Tessalônica, nas cidades macedônicas de Filipo e Bereia, assim como nas famosas cidades gregas de Atenas e Corinto. As inscrições certificam, ainda, a existência de assentamentos judaicos em diferentes lugares no Peloponeso (Grécia).[21]"

---

21   Enciclopédia Judaica, s. v. "Diáspora", 6:10-11.

AS GUERRAS DOS JUDEUS POR FLAVIO JOSEFO

Quando eu li estes 7 livros, fiquei chocada, vendo a precisão das palavras com que Jesus profetizou a destruição de Jerusalém e o fim da era. Tudo foi vividamente narrado por Josefo.

Os livros começam com um prólogo que resume o desenvolvimento de todas as guerras até a derrota final da Judeia.

O ano foi de 66 e teve então grandes conflitos na Judeia. A nação estava dividida, controlada por João de Giscala, líder dos Zelotes; e havia revoltas por todos os lugares.

Roma tentava, sem sucesso, controlar essas guerras internas. No final, foram essas insurreições que levaram à destruição total de Jerusalém no ano 70 d.C. e o exército romano deu apenas o golpe final.

Assim, havia predito Jesus 37 anos antes. Estas guerras eram os sinais que os discípulos deveriam observar para saber que o fim estava próximo.

"E ouvireis falar de guerras e rumores de guerras; olhai não vos perturbeis; porque forçoso é que assim aconteça; mas ainda não é o fim."

Mateus 24:6.

1   Prólogo de Flávio Josefo Aos Sete Livros das Guerras dos Judeus

1.1 Extratos

"Porque a guerra que os romanos fizeram com os judeus é a maior de tantas, quanto nossa idade e nosso tempo viram; maior de tantas que jamais ouvimos falar de cidades contra cidades e nações contra nações".[22]

"O número de cativos que foram presos durante a guerra chegou a noventa e sete mil; e os que morreram, a um milhão e cem mil homens (mais mulheres e crianças). Estes eram judeus, mas não todos de Jerusalém, porque eles vieram de todas as partes para a festa da Páscoa, quando, de repente, foram cercados pela guerra e o cerco dos romanos.

Primeiramente, estando muito próximos, foram cercados por grande peste, e, logo depois, fome".[23]

"Porque haverá então uma tribulação tão grande, como nunca houve desde o princípio do mundo até agora, nem jamais haverá."

Mateus 24.21

"E haverá em vários lugares grandes terremotos, e pestes e fomes; haverá também coisas espantosas, e grandes sinais do céu".

Lucas 21.11

"Os judeus, corajosos na idade, mas com falta de juízo, vendo

---

22   Las Guerras de los Judíos, Prólogo de Josefo, pág .9 .
Algumas palavras :Eu traduzi do espanhol antigo para o contemporâneo, para tornar fácil o entendimento da leitura. Também os escrito entre parênteses são adicionados para localizar o leitor quanto a um lugar ou algum personagem.

23   Las Guerras de los Judíos, pág. 9.

que floresciam, não menos em riquezas que em forças, serviram-se tão mau do tempo, que se levantaram com esperança de possuir o Leste, (ocupado por Roma) e foram muito intimidados ".

"Os judeus pensaram que iriam se aliar a eles, contra os romanos, todos os demais que estavam no outro lado do Eufrates (no Império Oriente). Eles molestaram os romanos, os gauleses (ingleses) que eram vizinhos e os alemães. Estava o universo cheio de discórdias depois do império de Nero; havia muitos que, por ocasião dos tempos e revoltas tão grandes, pretendiam conquistar o império; e todos os exércitos por ter a esperança de maior ganho, queriam misturar-se".[24]

"Testemunha deles é o imperador e César Tito, que ganharam tudo. Ele viu como tudo foi destruído pelas grandes discórdias do natural, juntamente com os grandes tiranos que havia subido, e como forçaram aos romanos que pusessem fogo em tudo e abrasassem o templo sagrado. Ele sempre, durante todo o tempo de guerra, teve grande misericórdia do pobre povo que era proibido de fazer o que eles queriam por aqueles agitadores sediciosos; e ainda muitas vezes ele estendeu o seu cerco mais tempo do que era necessário, não para destruir a cidade. Somente para que aqueles que foram os autores de tão grande guerra tivessem tempo para se arrepender".

"Se, finalmente, quiséssemos comparar todas as adversidades e destruições que, depois da criação do universo aconteceram, com a destruição dos judeus, todas as outras são, certamente, inferiores e de menos volume".

"Mas eu tomarei o começo da minha história de onde eles, nossos profetas, terminaram. Contarei a guerra feita no meu tempo com a maior diligência e o mais extensivamente que me seja possível. Falarei da guerra que se levantou aos doze anos do reinado de Nero. Quantas coisas e danos foram causados por Cestio[25]. De quantas coisas os judeus ganharam no início. Como fortaleceram as suas pessoas

---

24   Las Guerras de los Judíos. Prólogo, pág. 9.

25   Caio Cestio Galo (67 d. C.) foi o filho de um cônsul na Antiga Roma e o mesmo foi cônsul sufecto no ano 42 d.C. Foi um Legado da Síria, em 63 d. C. ou 65 d. C. Marchou à Judeia em 66 d. C. em uma tentativa de restaurar a calma no início da Grande Revolta Judaica. Teve êxito no vitorioso Beit She'arim no Vale de Jezreel, a sede do Grande Sinédrio (o supremo tribunal religioso judaico) nesse então, mas foi incapaz de tomar Jerusalém.

naturais e como Nero, por causa do dano recebido por Cestio, temendo muito o estado do universo, fez capitão geral a Vespasiano. Este, em seguida, entrou pela Judeia, com o filho mais velho que ele tinha, e com um grande exército de pessoas romanas, matando muita gente em toda Galiléia. Como ele tomou as cidades pela força e as outras por terem se entregue".

"Dizendo isso, não irei além da verdade, fielmente, vista e ainda sofrida; Não vou esconder minhas misérias e desgraças, visto que as conto a quem as conhece e as viu".

"Então, estando já muito debilitado, o estado dos judeus, Nero morreu; e Vespasiano, tendo tomado o seu caminho para Jerusalém, foi detido por causa do império e partiu para o Egito (ao funeral) levando consigo o seu filho Tito. Falarei das mudanças e revoltas que havia em Roma e como Vespasiano foi declarado Imperador, contra a sua vontade, por todas as pessoas de guerra. De como os judeus estavam envolvidos em revoltas e sedições domésticas. Contarei como eles foram submetidos a tiranos, como eles, depois, foram movidos a grandes discórdias motins. Retornando Tito do Egito, veio duas vezes contra a Judeia, entrou nas terras junto com o seu exército e narrarei sobre quantas vezes foi a cidade foi afligida, estando ele presente".

"Eu vou declarar, depois, a crueldade dos tiranos judeus, que na Judeia se levantaram contra os seus próprios nativos. Da humanidade e clemência dos romanos com pessoas estrangeiras; quantas vezes Tito, querendo salvar a cidade e preservar o templo, compeliu os agitadores a buscar e pedir paz e união".

"Darei uma razão particular e um relato das feridas e desgraças de todo o povo; e quantos males sofreram, algumas vezes pela guerra, outras por insurreições e revoltas; outras pela fome, e como última instância, foram presos. Eu não deixarei de contar as mortes daqueles que fugiam, o castigo e tortura que os prisioneiros receberam; como foi queimado, contra a vontade de César, todo o templo; quantos tesouros e quão grandes riquezas pereceram com fogo. O massacre geral e destruição da cidade principal, da qual todo o estado da Judeia dependia".

"Contarei os sinais e presságios maravilhosos que se mostraram antes de acontecer tais eventos terríveis. Como foram cativos e presos os tiranos. Como os romanos continuaram a sua vitória, derrubaram pela raiz todos os fortes e defesas dos judeus; e como Tito ganhando todas estas terras, as reduziu ao seu mandato; e sua volta depois à Itália, e então seu triunfo".

"Tudo isso eu disse e o escrevi em sete livros, por causa daqueles que querem saber a verdade. Darei início a minha história com a mesma ordem que sumariamente eu tenho contado."

Israel seria destruído, pelo exército romano, e espalhado entre as nações. Este é o relato de sua destruição.

***"E cairão ao fio da espada, e para todas as nações serão levados cativos**; e Jerusalém será pisada pelos gentios, até que os tempos[26] dos gentios se completem."*

Lucas 21:24

---

26 Aqui, a palavra usada é Kairos, que implica a oportunidade dos gentios. E no Cronos como implicando um tempo mensurável.

O PRINCÍPIO DA DESTRUIÇÃO DE JERUSALÉM

1   O Começo Das Guerras

A primeira revolta começou no ano 66 em Cesaréia, quando, depois de vencer uma batalha legal contra os judeus, os gregos provocaram uma briga no bairro judeu em que a guarnição romana não interveio. A raiva dos judeus cresceu quando se soube que o procurador romano da Judeia, Gesio Floro, tinha roubado dinheiro do tesouro do Templo. Além disso, em um ato de desafio, o filho do Sumo Sacerdote, Eleazar ben Ananias, cessou as orações e sacrifícios no Templo em honra ao imperador romano e mandou atacar a guarnição romana que estava em Jerusalém. O tetrarca da Galiléia e governador da Judeia, Herodes Agripa II, fugiu, enquanto Céstio Galo, general romano na Síria, reunia uma importante força para marchar para Jerusalém e sufocar a rebelião.

Os judeus conseguiram repelir as forças de Céstio Galo em Beth Horon e forçaram-no a recuar, matando 6.000 legionários.

O profeta Daniel descreve claramente este episódio e o que seria o fim de Israel, bem como coisas que aconteceriam como sinais para os sábios. Estes acontecimentos são paralelos aos que Jesus profetizou sobre o fim.

"Muitos serão limpos, embranquecidos e purificados; mas os ímpios procederão impiamente; e nenhum deles entenderá; mas os sábios entenderão. E, a partir do momento em que o holocausto contínuo for tirado e for estabelecida a abominação desoladora, haverá mil duzentos e noventa dias."

Daniel 12.10,11

1290 dias equivalem aos três anos e meio que duraram as guerras até a destruição final de Jerusalém e o fim do antigo sistema sacerdotal.

"E, estarão ao lado dele, forças que profanarão o santuário, isto é, a fortaleza; e tirarão o holocausto contínuo estabelecendo a abominação desoladora. Ainda aos violadores do pacto, ele perverterá com lisonjas; mas o povo que conhece ao seu Deus se tornará forte e fará proezas. Os entendidos entre o povo ensinarão a muitos; todavia por muitos dias cairão pela espada e pelo fogo, pelo cativeiro e pelo despojo. Mas, caindo eles, serão ajudados com pequeno socorro; muitos, porém, se ajuntarão a eles com lisonjas."
"Alguns dos entendidos cairão para serem acrisolados, purificados e embranquecidos, até o fim do tempo; pois isso ainda será para o tempo determinado."

Daniel 11.31-35

Os romanos tinham enraizado, em seus corações, um ódio irracional contra os judeus e a Igreja cristã nascente, cuja maioria era de judeus convertidos.

Nero, que era o imperador romano, crucificava e jogava aos leões, em Roma, aqueles que se convertiam a Cristo e havia grande quantidade de mártires. Por outro lado, primeiramente, o general Céstio, depois o General Vespasiano (que mais tarde seria imperador), sitiavam as cidades de Israel, e investiam fortemente nelas.

Vespasiano já tinha tomado várias cidades, apoiado pelo seu filho Tito. Estas cidades eram: Jotapata, Tiberíades, Gamala, Cesaréia Marítima, Gadareia e outras mais quando chegou a Giscala. Assim, conquistou a Galiléia ao modo romano, isto é, arrasando cidades, executando a dezenas de milhares de homens e vendendo como escravos mulheres e crianças. Com Roma não se brincava, mas já era tarde demais para que os judeus entendessem esse fato.

Os judeus e cristãos que ficavam vivos, que conseguiam escapar, fugiam de cidade em cidade.

"Quando, porém, vos perseguirem numa cidade, fugi para outra; porque em verdade vos digo que não acabareis de percorrer as cidades de Israel antes que venha o Filho do homem."

Mateus 10.23

2   As Guerras Continuam

2.1 João de Giscala Foge com o Povo Para Jerusalém

Flavio Josefo descreve a João dizendo:

"O modo de agir dos romanos causou tanto terror nas cidades judaicas, que a maioria se rendeu sem opor resistência enquanto milhares e milhares de judeus fugiam aterrorizados rumo a Jerusalém, liderados por João de Giscala. Enquanto isso, Vespasiano enviou o seu filho Tito com um esquadrão de mil homens a cavalo para segui-los e matá-los".

"Vindo a noite, quando João viu que estava faltando guardas romanos, fugiu para Jerusalém com os homens de guerra que estavam com ele e os mais velhos com suas famílias".

"As mulheres e crianças os seguiam; deixadas para trás a uma distância de cerca de 20 estádios. Então, fugindo, caíram muitos; e havia combates entre eles mesmos, sobre quem mais poderia fugir, pisando-se uns aos outros. As mortes das mulheres e crianças era algo muito miserável. Se elas falavam alguma coisa, era umas rogando aos seus maridos e outras aos seus parentes que as esperassem, mas a voz de comando de João, gritando para que se salvassem e fugissem, era mais forte; porque se os romanos os prendessem, além de tornar cativos os que ficassem, também os matariam. Todos aqueles que fugiram, se espalhados conforme lhes foi possível e de acordo com a força de cada um."[27]

Quando João chegou a Jerusalém com os soldados que o seguiram, ele se organizou com os Zelotes que estavam lá e tomou o templo como seu refúgio e centro de operações.

Enquanto isso, Tito matou dois mil homens dos que fugiram e levou cativos três mil mulheres e crianças.

3   O Princípio da Destruição

"Todo povo de Jerusalém estava com o coração partido com a vinda de João; e perguntavam a todos aqueles que tinham fugido como eles saíram e que matança havia sido feita. Eles só conseguiam chorar; então eles entenderam claramente a penalidade que tinham sofrido".[28]

"Ouvindo o que aquele povo cativo tinha sofrido e padecido, estavam todos muito tristes e perturbados. Eles pensaram que este era um grande argumento para acreditar na destruição deles mesmos. João não se envergonhava por causa daqueles que havia deixado, ao contrário, indo por todos os lugares incitava a todos para a guerra, convencendo-lhes da fraqueza do inimigo e exibindo suas próprias forças. Com estes argumentos, enganava àqueles que não sabiam das coisas da guerra. Dizia a eles que, ainda que os romanos voassem jamais poderiam passar para dentro dos muros de Jerusalém, uma vez que suas máquinas e invenções de guerra estavam muito desgastadas pelos danos que tinha sofrido em tantas batalhas. Com estas palavras corrompia grande parte dos jovens, mas não havia nenhum dos velhos e sábios que não chorassem dando a cidade como perdida, a

27   Las Guerras de los Judíos, Livro Quatro. Capítulo IV, pág. 374.
28   Idem. pág. 376. Tradução feita pela autora para o espanhol moderno.

julgar bem o que havia de acontecer".

"Dessa forma, todo o povo estava confuso. A reunião de agricultores e os camponeses, vizinhos de Jerusalém, se levantaram, começaram a discordar e a se mover em brigas uns contra os outros."

"Todas as cidades tinham motins e guerreavam entre si; e, nas horas que os romanos afrouxavam suas forças contra elas, eles matavam uns aos outros. Havia grande e cruel luta entre aqueles que queriam a paz e aqueles que amavam a guerra e a procuravam. Esta discórdia se acendia dentro das casas e depois, também,os demais amigos dos povos estavam em discórdia. Cada um se juntava com seus parentes e com aqueles que queriam defender. Assim, estava todo o povo dividido em conselhos e se rebelava."[29]

Judeus e cristãos (judeus também) estavam todos vivendo este grande conflito, tal como Jesus tinha dito.

"Nesse tempo muitos serão escandalizados, e trair-se-ão uns aos outros, e uns aos outros se odiarão. E surgirão muitos falsos profetas, e enganarão a muitos. E, por se multiplicar a iniquidade, o amor de muitos esfriará. Mas aquele que perseverar até ao fim, esse será salvo."

Mateus 24.10-13

"Cuidais vós que vim trazer paz à terra? Não, eu vos digo, mas antes dissensão: pois daqui em diante estarão cinco pessoas numa casa divididas, três contra duas, e duas contra três; estarão divididos: pai contra filho, e filho contra pai; mãe contra filha, e filha contra mãe; sogra contra nora, e nora contra sogra. Dizia também às multidões: Quando vedes subir uma nuvem do ocidente, logo dizeis: Lá vem chuva; e assim sucede; e quando vedes soprar o vento sul dizeis; Haverá calor; e assim sucede. Hipócritas, sabeis discernir a face da terra e do céu; como não sabeis então discernir este tempo?"

Lucas 12.51-56

---

29   Idem. pág. 376. Tradução pela autora para o espanhol moderno.

Os nativos (os judeus) começaram a roubar e iam praticando assaltos em massa por toda aquela terra, de tal modo que, no que se refere à crueldade e injustiça, não diferiam dos romanos. E os que eram destruídos por isso, preferiam a morte pelas mãos dos romanos, uma vez que lhes parecia ser muito menos cruel, em vista daqueles que sofriam por meio de seus conterrâneo".[30]

"Esta cidade (Jerusalém) não era governada por nenhum, em particular, do meio dos judeus. Jerusalém acolhia, de acordo com o costume do país, a todos os que queriam habitar nela. Pensavam os nativos, ao ver tanta gente, que estes vinham ajudar-lhes. Isso trouxe grande desgraça posteriormente, uma vez que muita gente inútil e sem serventia só ficou para esgotar os suprimentos e os meios de subsistência da cidade".[31]

"Além da guerra, isto fez com que a fome começasse, trazendo, ainda mais a perturbação da ordem pública e as revoltas. Muitos ladrões se achegaram àqueles que já estavam dentro dos muros e se juntaram aos que já estavam dentro. Estes eram ainda mais cruéis, não deixavam de cometer qualquer delito por mais cruel ou maior que fosse".

"Não se contentavam em roubar e despir os homens, porém, se alegravam em matar os nobres; isso não era feito secretamente e nem de noite."

"O povo estava muito subjugado e amedrontado, mas nem por isso deixaram de se ensoberbecer, porém tiveram a audácia de escolher para si os pontífices, não pela linhagem ou nobreza, mas escolheu aos seus próprios companheiros de maldade".

"Com palavras e ficções enganavam aqueles que podiam e, assim, cometiam qualquer delito, até que fartos de perseguir aos homens quiseram injuriar a Deus; começaram, então, a entrar com os pés sujos e malditos, no lugar que lhes era proibido. (O lugar Santo do Templo)".[32]

---

30   La Guerras de los Judíos. Livro IV. Capítulo V, pág. 377.

31   Resumo parafraseado. La Guerras de los Judío.s Livro IV. Capítulo V, pág. 377.

32   Os dois últimos parágrafos foram traduzidos para o espanhol atual para maior compreensão. La Guerras de los Judíos. Pág. 378.

4 Os Sacerdotes Anano e Jesus

Havia naquele tempo dois homens justos que amavam a cidade e seus habitantes. Eles queriam defendê-la dos estragos que fizeram os zelotes. Um se chamava Anano (ou Hanan) e o outro Jesus (ou Jeshua, não o Senhor). Estes eram muito amados pelo povo porque eles buscavam a paz e se mostravam justos   com todos.

Eles sabiam que os romanos não podiam ser superados e que, se os judeus não sabiam viver pacificamente, certamente morreriam completamente.

Anano tinha sido colocado como sumo sacerdote, considerado o primeiro e o mais sábio entre os saduceus, Jesus era o segundo na posição. Anano, então, levantou o povo contra os fanáticos zelotes.

Os tiranos[33] tomaram o Templo e tinham feito da casa de Deus seu castelo e forte para se defenderem contra o povo; e assim, este servia como habitação, onde eles se recolhiam.

Em meio às tensões, os outros sacerdotes querendo exercer a sua autoridade, prenderam a Tiago, o irmão do Senhor Jesus Cristo e a vários de seus companheiros cristãos. Então, eles fizeram uma falsa acusação contra eles, como violadores da lei, e foram sentenciados ao apedrejamento perto do Templo.[34]

"Então sereis entregues à tortura, e vos matarão; e sereis odiados de todas as nações por causa do meu nome.
Nesse tempo muitos hão de se escandalizar, e trair-se uns aos outros, e mutuamente se odiarão.
Igualmente   hão de surgir muitos falsos profetas, e enganarão a muitos."

Mateus 24.9-11

"Misturou-se com esses males outro engano, que causava mais dor do que qualquer coisa. Os tiranos tentaram sondar o medo que tinha o povo, testar sua força e para isso se ocuparam de eleger pon-

---

33   João de Giscala e os zelotes.
34   Josefo conta o relato da morte de Jacobo en "As antiguidades dos judeus", 20:9.

tífices por sorteio". Eles, então, escolheram um homem camponês e rude, chamado Fanie. Colocaram nele roupas de pontífice e lhe diziam o que devia fazer, e pensavam que este grande mal era brincadeira e zombaria ".[35]

"Todos os outros sacerdotes olhando de longe, e vendo que zombavam da lei, mal podiam conter as lágrimas, e lamentavam todos entre si por ver que a honra de seus sacerdócios e coisas sagradas sendo tão ridicularizadas e desprezadas.»[36]

"Não podendo sofrer as afrontas dos tiranos, Anano e Jesus organizaram o povo para derruba-los. Entre eles, diziam desconsolados: "Nós já atingimos um ponto tão catastrófico, que nos convém que os nossos inimigos se compadeçam de nós".[37]

João, que tinha uma reputação de sedutor, forjou incitar o povo contra Anano e Jesus, infiltrando o boato de que Anano queria entregar o povo aos romanos.

Muitos do povo acreditaram nesta traição com a qual foi falsamente acusado o pontífice e, secretamente, decidiram enviar uma comitiva oficial de homens com uma carta a seus vizinhos do sul, da província de Edom.

Na carta pediam socorro para que viessem defendê-los contra Anano e os romanos.

Os Edomitas eram judeus ferozes, cruéis na guerra e homens de grande orgulho que odiavam profundamente aos romanos. Quando leram a petição da carta enfureceram-se e se armaram alardeando a guerra. Eles reuniram quase vinte mil homens com quatro capitães e, assim, vieram imediatamente para Jerusalém.

Anano e Jesus, ignorantes da partida destes embaixadores, foram surpreendidos pela chegada dos audaciosos Edomitas; mas conhecendo a João e suas artimanhas, logo souberam de onde veio tal perseguição.

---

35   Paráfrasis resumida. pág 379.
36   Idem. Pág. 379.
37   Pág. 381.

5 A Chegada dos Edomitas

Estando o sacerdote Jesus em uma das torres junto do muro, lhes falou dizendo: "Vocês vieram contra nós em ajuda e socorro dos homens mais perdidos no mundo. Estes têm se infiltrado, secretamente na cidade Santa como ladrões e têm manchado o solo sagrado com muitas e grandes maldades. Vocês poderão vê-los bêbados de vinho entre as coisas que temos de mais sagradas e consomem os restos dos mortos com a ganância insaciável de suas barrigas [...]. Não consigo encontrar a causa pela qual vocês vieram contra um povo que sempre lhes foi amigo, a favor de tais ladrões.[38]

"Vos será permitida a entrada nesta cidade', mas não como homens de guerra. Desta forma vocês verão, claramente, o sinal do que eu digo. Vocês vão ver as casas desoladas e destruídas por roubo; as mulheres dos mortos e seus familiares todos de luto. Ouvirão os gemidos e gritos que há por toda a cidade, porque não há ninguém que não tenha sofrido com a perseguição destes maus e perversos. Estes ousaram com tanta loucura, que tudo o que eles têm roubado das outras cidades, e desta, chefe de toda a Judeia, puseram o Templo. O lugar venerável em todo o universo, honrado por todos os estrangeiros que vieram de todos os cantos do mundo, só para vê-lo, é agora pisado e destruído pelo mal que entre nós mesmo tem nascido."[39]

Dizendo isto e muitas outras coisas com a tentativa de persuadi-los, eles fecharam os portões da cidade para impedir a entrada.

Os Edomitas ficaram furiosos porque lhes haviam rejeitado e fechado a cidade. Indignaram-se e decidiram acampar ao redor dos muros para defender a pátria e o Templo. Com seu orgulho e ânimo alterados, não podiam descansar; incapazes de suportar o insulto que lhes tinha sido feito e temendo pela grande força dos Zelotes, pesou-lhes ter vindo.

Entretanto não queriam o embaraço de não ter feito nada e, ainda, voltar para o seu lugar. Desta maneira, permaneceram vinte mil homens no vale de Jeosafá, junto aos muros.

Ditas essas coisas, todos os Edomitas, com alta voz, acenaram

38   Pág. 388 e 389.
39   Pág. 390 e 391.

para ficar; e Jesus se retirou triste vendo que não atendiam ao motivo, nem consentiam alguma coisa moderada.

6   O Frio, A Tempestade e O Terremoto

"Aconteceu que, naquela noite fez grande frio, levantaram-se ventos muito bravos e abundância de água, muitos relâmpagos e horríveis trovões. Em seguida, houve um grande terremoto e, devido a este, eles estavam muito certos que, pela destruição dos homens, o estado do mundo se confundia. Porque aqueles sinais foram de grande importância para eles".

"Os Edomitas e os da cidade concordaram com isso, que Deus estava desgostoso porque eles vieram para fazer a guerra e não poderiam escapar se decidissem lutar contra a cidade".

"Os Zelotes vendo o grande frio e a tempestade que se alastrou, quiseram ajudar aos Edomitas, já que pensavam que seria de grande proveito ter tantas pessoas ao seu lado; e embora ajudá-los implicasse se por em perigo, eles decidiram fazê-lo".

"Eles aproveitaram que os guardas da cidade, com o grande frio, caíram no sono, e que o barulho da tempestade e dos grandes trovões os protegiam para que não fossem ouvidos, e assim deixaram o Templo. Vindo secretamente ao muro, abriram a porta onde os Edomitas estavam".

"No início, estes tiveram medo que fosse uma emboscada que Anano lhes armara e empunhando suas armas; mas depois que reconheceram que eram os Zelotes, eles entraram aos poucos."

"Tendo finalmente entrado, também se atreveram, todos os zelotes, a sair do templo, se misturam com os edomitas e, assim, vir contra os guardas."

"Mortos alguns dos que encontraram dormindo, toda a multidão acordou com os gritos dos guardas".

"O   Povo pensava que os Zelotes queriam fazer-lhes alguma coisa, mas quando viram que havia se juntado a eles os Edomitas, desfaleceram".

"Os jovens da cidade, armados e ferozes, resistiam ao ataque. Os gritos do povo e das mulheres eram ensurdecedores, juntamente com os gritos dos Edomitas. A tempestade fazia com que os gritos fossem ouvidos ainda mais forte ".

"Os Edomitas não perdoavam a ninguém, porque eles são, por natureza, cruéis até a morte, e lhes era muito irritante o frio e a tempestade. Isso fazia com que tivessem por inimigos aqueles que lhes tinham feito sofrer por tanto tempo fora da cidade".

"Muitos, colocando-se na frente dos que eram parentes e implorando que eles tivessem reverência ao Templo, foram mortos. Eles não tinham nenhum lugar para fugir e os assassinos não se amansavam".[40]

"Estando pois confusos e sem saber o que faziam, causavam as mortes mais cruéis uns contra os outros, de tal modo que todo o cerco do lado de fora do Templo estava cheio de sangue. Quando o dia chegou, eles encontraram oito mil e quinhentos homens mortos".

"Não se saciou com isto a ira dos Edomitas, antes voltaram suas mãos e suas forças contra a cidade e roubaram todas as casas; e se por acaso encontrassem alguém, logo o matavam".

"Não satisfeitos com todas as mortes, procuravam encontrar os sacerdotes e pontífices e nisto colocavam todos os seus esforços. No momento em que os encontravam, eram despedaçados e se colocavam em pé sobre os corpos destes desprezavam e escarneciam da amizade e amor de Anano para com as pessoas e do que o sacerdote Jesus lhes tinha dito no muro".

"Eles chegaram a mostrar sua desumana crueldade, ao jogá-los sem sepultar, sabendo da importância que os judeus davam à sepultura. E que ainda, aos malfeitores, enterravam logo após o por do sol".[41]

7   A Morte de Anano e Jesus no Meio da Cidade

"Eu não acho que erraria se eu dissesse que foi a morte de Anano o início da destruição da cidade. Tão pouco, que naquele dia, os muros foram destruídos junto com o coração do povo, quando viram

---

40   Pág. 396.
41   Trechos da página 396 e 397.

diante dos seus olhos o pontífice e líder do bem-estar de todos, e a Jesus, maior do que todos os outros sacerdotes, serem degolados no meio da cidade".

"Eu também acredito que Deus quis tirar a vida desses dois defensores, que tanto amavam a cidade, querendo que esta, por estar tão suja e contaminada, perecesse com fogo e com um grande incêndio fossem limpas as coisas santas e sagradas da cidade".

"Viram, então, nus no chão, jogados aos cães e aos animais selvagens, os que pouco antes estavam vestidos das vestes sagradas, autores da famosa religião de todo o universo, que costumavam ser honrados e altamente respeitados por tantos estrangeiros que entravam na cidade. Penso que a virtude gemeu, doendo-se e ferindo-se, por causa desses homens, por ter os costumes tanta força".[42]

Quando leio isso, não deixo de pensar na passagem das duas testemunhas. Podem ter sido esses sacerdotes ou não. Josefo testemunhou, em geral, acerca do acampamento de Tito fora da cidade, então, poderia ter passado três dias sem que ele testemunhasse. Não há registro de alguém escrevendo de dentro da cidade, apenas Josefo, quando ele conseguiu entrar.

No meio de tantas mortes e ódio entre si, a comunicação e a escrita não deve ter sido coisa fácil.

"E jazerão os seus corpos na praça da grande cidade, que espiritualmente se chama Sodoma e Egito, onde também o seu Senhor foi crucificado.
Homens de vários povos, e tribos e línguas, e nações (os judeus das nações que estavam presos dentro da cidade) [43]verão os seus corpos por três dias e meio, e não permitirão que sejam sepultados.
E os que habitam sobre a terra se regozijarão sobre eles, e se alegrarão; e mandarão presentes uns aos outros, porquanto estes dois profetas atormentaram os que habitam sobre a terra (o território)[44]

---

42   Trechos pág. 397 e 398.
43   Parênteses crescidos para explicar quem eram
44   A palavra traduzida para o espanhol como terra é Ge no grego, que quer dizer território ou porção de uma

E depois daqueles três dias e meio o espírito de vida, vindo de Deus, entrou neles, e puseram-se sobre seus pés, e caiu grande temor sobre os que os viram."

E ouviram uma grande voz do céu, que lhes dizia: Subi para cá. E subiram ao céu em uma nuvem; e os seus inimigos os viram.

E naquela hora houve um grande terremoto, e caiu a décima parte da cidade, e no terremoto foram mortos sete mil homens; e os demais ficaram atemorizados, e deram glória ao Deus do céu."

Apocalipse 11.8-13

8   Dos Edomitas Quando Voltaram e a Crueldade dos Zelotes.

"Então, Anano e Jesus tiveram tal fim. Depois destes, tantos os Zelotes quanto os Edomitas se voltaram contra o povo e matavam todos aqueles que encontravam. Eles eram como um bando de animais impuros, onde quer que fossem encontrados os matavam".

"Prendiam aos jovens nobres e os levavam para o cárcere, apenas para diferir-lhes a morte. Todos eram açoitados da maneira mais cruel antes que vissem a morte. Todos foram torturados e feridos até ficarem seus corpos abertos e depois disso os degolavam".

"Estava todo o povo tão amedrontado e com tanta dor que nenhum se atrevia a lamentar publicamente, nem enterrar um corpo por mais próximo que fosse. Também os presos choravam secretamente com medo que os guardas os escutassem. Lamentavam entre si e secretamente se entendiam, porque se descobrissem que choravam, no mesmo momento eram punidos e mortos".

"À noite, cobriam com um pouco de terra os corpos que podiam. Assim, doze mil homens nobres morreram."

"Já pesava aos edomitas terem ido a Jerusalém e terem sido enganados pela astúcia dos zelotes".[45]

---

região. Strong Concordance 1093: ge

45   Pág. 401.

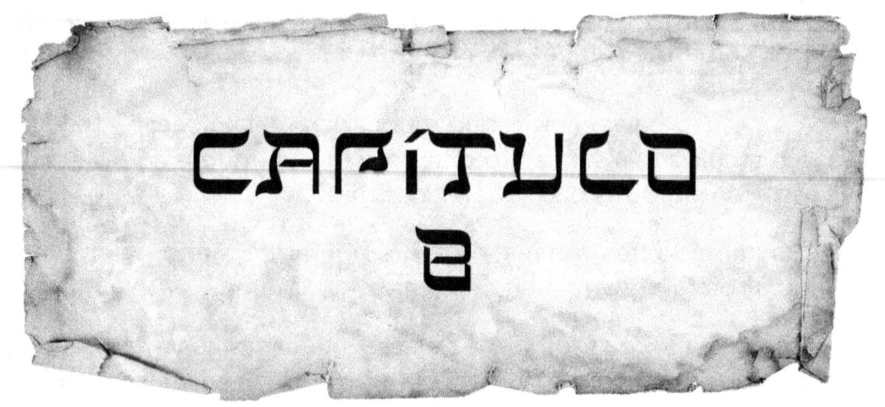

OS HORRORES DENTRO DA CIDADE E A SAÍDA DOS DISCÍPULOS DE JESUS

1 Do Ouro Que Roubaram

"Havia sírios e árabes em Jerusalém. Estes, querendo fugir com o ouro que tinham e temendo que os amotinados e agitadores os roubassem, os engoliam e depois os tiravam de seus próprios excrementos."

"Alguém descobriu isso, subiu um barulho e fama deles por todo o campo, dizendo que aqueles que fugiam vinham cheios de ouro. Então, os ameaçaram de abrir suas barrigas, mas a ganância foi tanta que em uma noite os judeus abriram as entranhas de dois mil homens".[46]

"Deus Todo-Poderoso que já tinha condenado a este povo, tinha feito com que todos os caminhos para se salvarem fossem convertidos em grande destruição. E, se qualquer homem fugisse com eles, antes que os romanos o vissem, lhe rasgava e, secretamente, o executava, coisa que o imperador lhes havia proibido. Assim conseguiam alguma vantagem muito ilícita e lesiva das entranhas de alguém, mas o ouro foi encontrado em poucas pessoas".[47]

---

46   Trechos e resumo da Pág. 518.
47   Pág. 518.

2   O Sacrilégio Que Se Fazia No Templo e o Número de Mortos na Cidade

"Como não havia mais o que roubar na aldeia, João começou a fazer um sacrilégio, a saquear o templo e a furtar muitas coisas e muitos vasos consagrados para o serviço divino".

"Os imperadores romanos sempre honraram muito o Templo e tinham dado muitos ornamentos para este".

"Então um judeu (dentre os Zelotes) que o saqueava e destruía, dizia a seus companheiros, sem medo algum, que eles deviam abusar das coisas sagradas e que os que guerreiam pela honra de Deus e do Templo, deviam ser alimentados e mantidos pelas riquezas que este tinha. Portanto, lhes era coisa muito legítima   derramar o azeite que os sacerdotes guardavam para seus sacrifícios e tomar o vinho sagrado. Assim, ele distribuída entre todas as pessoas, as quais se untavam de azeite e bebiam descaradamente".[48]

"Desapareceu da casa do Senhor a oferta de cereais e a
libação; os sacerdotes, ministros do Senhor, estão de luto.
O campo está assolado e a terra chora; porque o trigo está destru-
ído, o mosto se secou, o azeite falta.
Proclamai um jejum, convocai uma assembleia, congregai os an-
ciãos e todos os moradores da terra[49], na casa do Senhor vosso
Deus, e clamai ao Senhor.
Ai do dia! Pois o dia do senhor está perto e virá como destruição
da parte do Todo Poderoso.

Joel 1.9,10 e 14,15

3   Deus Dá Saída Aos Crentes

Houve duas chances claras, segundo a história em que Deus deu à Igreja primitivaa oportunidade de escapar, como Jesus havia predito aos seus discípulos.

A primeira foi durante o primeiro cerco de Jerusalém em novem-

---

48   Guerras   de los Judíos. Livro VI. Capítulo XVI, pág. 519.

49   Habitantes da terra não se refere a todo o mundo, mas ao território de Israel. Logicamente o mundo inteiro não cabe em um templo.

bro de 66, liderado pelo General Romano Céstio.[50]

Este tinha sido enviado por Nero para aplacar as primeiras revoltas que eclodiram em Cesaréia, mas também lhe foi solicitado que tomasse toda a Judeia. Então ele atacou várias cidades e, em seguida, interrompendo a Festa dos Tabernáculos e incendiando os subúrbios, entrou em Jerusalém.

Ele tomou, portanto, a parte alta da cidade e acamparam em frente ao palácio real. Naquela época, muitos dos discípulos de Jesus ficaram presos pelo cerco na área do Templo, cercados pelos romanos que estavam estacionados ao longo dos muros.

A providência de Deus interveio, então Josefo disse a Céstio:

"Se naquele momento Céstio tivesse forçado a entrada nas fortificações, a cidade teria caído e a guerra teria terminado. Mas, o prefeito de seu acampamento, Tirano Prisco, subornado, por Gesio Floro, (procurador da Judeia), para prolongar a guerra, o desviou do intento".[51]

"Se tão somente tivesse persistido durante o cerco, ele teria tomado a cidade, mas por um motivo qualquer, Céstio chamou repentinamente suas tropas e se retiraram da cidade".

"Os discípulos mais vigilantes aproveitaram esta retirada para deixar a cidade e refugiarem-se no Monte Pella"[52]

"A segunda oportunidade veio dois anos depois, no ano de 68. Roma havia voltado a rodear Jerusalém e o General Vespasiano se dispôs a tomá-la com a ajuda de seu filho Tito que dirigia o cerco".

"Com isso, Nero é assassinado e Vespasiano deixa o cerco para assistir ao funeral do falecido imperador, em Alexandria. Este é outro sinal que os cristãos cheios do Espírito Santo aproveitaram para deixar a cidade. Eles sabiam que os Romanos voltariam a qualquer momento por isso, obedecendo às instruções do Mestre, fugiram para as mon-

50   Cayo Cestio Galo (67 d. C.) era o filho de um cônsul na Antiga Roma e o mesmo foi cônsul sufecto no ano 42 d. C. Foi o legado da Síria no ano 63 d. C. o 65 d. C. Marchou a Judeia   em 66 d. C. numa tentativa de restaurar a calma no início da Grande Revolta judaica.

51   Pág. 274.

52   Christian Mount Sion Franciscan Cyberspot. http://www.christusrex.org/www1/ofm/san/TSsion001_Es.html.

tanhas. Muitos outros judeus, crentes no Messias, tinham esfriado em sua fé e perderam a oportunidade de sair".

"Quando, pois, virdes estar no lugar santo à abominação de desolação, predita pelo profeta Daniel {quem lê, entenda}. Então, os que estiverem na Judeia fujam para os montes; quem estiver no eirado não desça para tirar as coisas de sua casa, e quem estiver no campo não volte atrás para apanhar a sua capa."

Mateus 24.15-18

A abominação da desolação se referia a todos os horrores e sacrilégios que se faziam no templo. Além disso, os Romanos tinham colocado uma águia imperial na porta maior do Templo.[53]

A nação Israel, cheia do Espírito de Deus, estava protegida por seu Senhor. Mas, os mornos e desonestos morreriam no cerco.

As portas para escapar haviam se fechado e só havia uma expectativa terrível de julgamento.

Jesus referindo-se a Israel, que foi seu ministério, fez uma analogia às dez virgens, cinco delas eram prudentes e as outras não.

Jesus era o Filho de Deus que veio para unir Seu Espírito com o de sua Amada. Esta, primeiramente, foi judia e desfrutaria com os cristãos estrangeiros (dentro da cidade) da salvação e proteção de Deus durante o cerco.

"Porém, enquanto, elas estavam indo comprar, chegou o noivo; e as que estavam preparadas entraram com ele para as bodas, e fechou-se a porta."
"Depois vieram também as outras virgens e disseram: Senhor, Senhor, abre-nos a porta."

"Ele, porém, respondeu: Em verdade vos digo, que não as conheço."
"Vigiai, pois, porque não sabeis nem o dia nem a hora em que o Filho do Homem há de vir."

Mateus 25.10-13

---

53   Pág. 186.

Esta profecia está diretamente relacionada com o juízo que viria no ano 70. Jesus adverte que nem todo mundo estaria pronto, que o juízo que viria repentinamente, exigiria que estivessem atentos ao Espírito Santo. (Lâmpadas cheias de azeite)

A partir do final do capítulo 23 de Mateus até o final do capítulo 25, Jesus está falando sobre a destruição de Jerusalém e do juízo que traria o fim. Ele não está falando sobre a bênção do casamento em si, mas da importância de estar preparado.

Esta parábola é paralela à passagem em Apocalipse 19 em que vemos a união espiritual de Jesus e seu povo. Isto é feito através do estar cheio do Espírito de Deus e participando da Ceia do Senhor. Após esta união, Jesus vem com seus exércitos e seus santos a pisar o lagar da maldade de Jerusalém, e acabar com a era mosaica.

E disse-me: Escreve: Bem-aventurados aqueles que são chamados à ceia das bodas do Cordeiro. Disse-me ainda: Estas são as verdadeiras palavras de Deus.
E vi o céu aberto, eis um cavalo branco; e o que estava montado nele chama-se Fiel e Verdadeiro; e julga a peleja com justiça.
Os seus olhos eram como chama de fogo; sobre a sua cabeça havia muitos diademas; e tinha um nome escrito, que ninguém sabia senão ele mesmo.
Estava vestido de um manto salpicado de sangue; e o nome pelo qual se chama é o Verbo de Deus.
Seguiam-no os exércitos que estão no céu, em cavalos brancos, vestidos de linho fino, branco e puro. Da sua boca saía uma espada afiada, para ferir com ela as nações; ele as regerá com vara de ferro; e ele mesmo é o que pisa o lagar do vinho do furor da ira do Deus Todo-Poderoso.
No manto, sobre a sua coxa tem escrito o nome: REI DOS REIS E SENHOR DOS SENHORES."
Apocalipse 19:9 e 11-16

Observe que o título de Rei dos reis e Senhor dos senhores está ligado às bodas do Cordeiro, e Ele vindo em seu cavalo para trazer juízo sobre o lagar. Se esta palavra fora para um futuro, como tradicionalmente se pensa, então isso sugere, que Jesus ainda não é o Rei dos Reis, nem Senhor dos Senhores. Ele desceu com os seus exércitos, em sua presença (parousia) majestosa durante o grande juízo do ano 70, como veremos mais adiante.

Vou falar mais detalhadamente sobre o significado do casamento do Cordeiro, no Capítulo XII.

4 O Exército de Simão Bar Giora

Depois da morte de Nero, em 68 d.C., houve grande instabilidade em Roma. Quatro imperadores foram sucedidos durante o ano que se seguiu, desta forma, o cerco de Jerusalém esteve menos protegido.

Os judeus não aproveitaram esse tempo para se fortalecer, pelo contrário, lutaram uns contra os outros.

Enquanto João e os Zelotes ocupavam o Templo de Jerusalém, outro tirano se levantou que causou outra guerra dentro dos muros. Um homem jovem, mais novo que João, chamado Simão Bar Giora, o qual se apoderou da cidade causando muitos males. Este era mais corajoso e ousado que João e, depois de ser expulso do governo de Acrabatena (região nordeste de Jerusalém, perto de Jericó), se juntou aos ladrões que se refugiavam em Massada.[54]

Imediatamente, tornou o Capitão deles; e juntos roubavam e destruíam todo aquele território. Longe de terem algum medo, os impelia a fazer coisas maiores.

Ele estava muito ansioso em dominar e ambicioso por grandes coisas. Muitos ignorantes e pouco entendidos o viram como o Messias que os libertaria dos Romanos.

"Ao tomar conhecimento da morte de Anano, ele foi para as montanhas onde apregoava dar liberdade aos escravos e grandes prêmios para os livres. Assim, ele reuniu um grande exército de canalhas com quem estava roubando todos aqueles lugares que existiam nas montanhas".

Tinha um castelo chamado Naim onde ele se refugiava e ampliou

---

muitos barris onde colocava tudo o que ele roubava".[55]

"Isto preocupou, grandemente, os Zelotes, que decidiram ir até Edom[56] e combatê-los. Estes foram acompanhados por muitos dos Edomitas e lutaram incessantemente um dia todo, sem que ninguém saísse vencedor da batalha. Milhares de pessoas morreram neste combate que assustou ao povo".

"Daí Simão entrou em toda Edom, saqueando, destruindo a terra, cortando árvores e dizimando os campos, os quais ficaram endurecidos como a terra mais infértil do mundo, de maneira que onde passavam e recostavam a mão, não havia sinal que tinha existido algo ali, em outro tempo".[57]

O profeta Joel fala deste exército devastador que iria surgir no meio dos dias mais escuros e mais dramáticos de Israel. Este poderia muito bem ter sido o de Simão e o de João juntos.

*"Dia de trevas e de escuridão, dia de nuvens e de negrume!
Como a alva, está espalhado sobre os montes um povo grande e poderoso, qual nunca houve, nem depois dele haverá pelos anos adiante, de geração em geração:
Diante dele um fogo consome, e atrás dele uma chama abrasa;
a terra diante dele é como o jardim do Éden, mas, atrás dele um desolado deserto; sim, nada lhe escapa.
A sua aparência é como a de cavalos; e como cavaleiros, assim correm.
Como o estrondo de carros sobre os cumes dos montes, eles vão saltando, como o ruído da chama de fogo que consome as folhagens, como um povo poderoso, posto em ordem de batalha.
Pulam sobre a cidade, correm pelos muros; sobem nas casas; entram pelas janelas como o ladrão.
Diante deles a terra se abala; tremem os céus; o sol e a lua escurecem, as estrelas retiram o seu resplendor."*

Joel 2.2-5 e 9,10

Após esta reunião, os Zelotes decidiram colocar espiões e guar-

---

55   Pág. 424.

56   Região ao sul da Judeia.

57   Pág. 425.

das no acampamento de Simão com o fim de sequestrar sua esposa. Acreditando que, deste modo, ele se abrandaria e viria lhes suplicar por paz.

"Longe disso, Simão se inflamou em raiva, chegando aos muros de Jerusalém como uma fera ferida e furiosa. Não podendo lançar mão sobre os sequestradores, mostrou sua fúria e loucura com quantos encontrava. Tendo saído uns à procura de vegetais ou ervas, tanto velhos como jovens, a todos chicoteava até a morte; e parecia não ter mais nada a fazer que comer e fartar-se dos corpos dos mortos. A muitos, cortava-lhes as mãos e os deixavam voltar para a cidade, fazendo com que seus inimigos se amedrontassem e tivessem grande medo dele".

"Mandava-lhes que dissessem que caso não devolvessem a sua esposa, demoliria o muro da cidade; e ele mesmo puniria aos que estavam no lado de dentro, sem perdoar jovem ou criança, independentemente da idade que fossem e aqueles que não mereciam punição, pagariam com os pecadores.".

"Não somente o povo, mas também os zelotes se amedrontaram e devolveram sua esposa. Simão Simon aplacou sua ira e cessou a grande matança que fazia".[58]

5 A Quantidade de Mortos no Vale da Decisão

Dentro da cidade as coisas iam de mal a pior. As mortes de Anano e de Jesus, o desejo de João e dos Zelotes por impor seu terror ao povo, trouxeram grande destruição interna.

"Porque dias virão sobre ti, em que os teus inimigos te cercarão de trincheiras, te sitiarão, te apertarão de todos os lados,
Te derribarão, a ti e aos teus filhos que dentro de ti estiverem; e não deixarão em ti pedra sobre pedra, porque não conheceste o tempo da tua visitação."

Lucas 19.43,44

---

58   Pág. 425.

Flávio acrescenta:

"Eu não deixarei de dizer o que a dor me forçar a calar . Penso que se os romanos se detivessem por algum tempo e tardassem para vir contra essa gente tão má, ou a terra se abriria e engoliria a cidade, ou pereceria por inundação, ou seria queimada com o fogo de Sodoma, porque muito pior e mais perversa era essa gente que aquela".

"Que necessidade tem agora de contar especialmente às mortes que causaram dentro dos muros? Manneo, filho de Lázaro, tendo passado a Tito, disse que por uma porta através da qual lhe havia sido confiada à guarda, haviam tirado da cidade 115.880 homens mortos. Isto, a partir do dia em que foi colocado cerco à cidade, ou seja, a partir de 14 abril até 1 julho (70 d.C.). Este número é, certamente, muito grande e ele não estava sempre na porta, mas distribuindo e pagando àqueles que tiravam os mortos e tinham que contar por força, porque os outros que morriam eram enterrados por parentes e amigos. O enterro que era dado a eles era lançá-los fora da cidade".[59]

"E, os cantores do templo gemerão naquele dia, diz YHWH, o Senhor; muitos serão os cadáveres; em todos os lugares serão lançados fora, em silêncio".

Amós 8.3

Os mortos eram lançados, principalmente, no vale de Josafá, ou vale da Decisão, já que era o mais próximo do Templo e onde eram mais intensos os tumultos e crimes. (Ver Figura 5).

---

59   Pág.520.

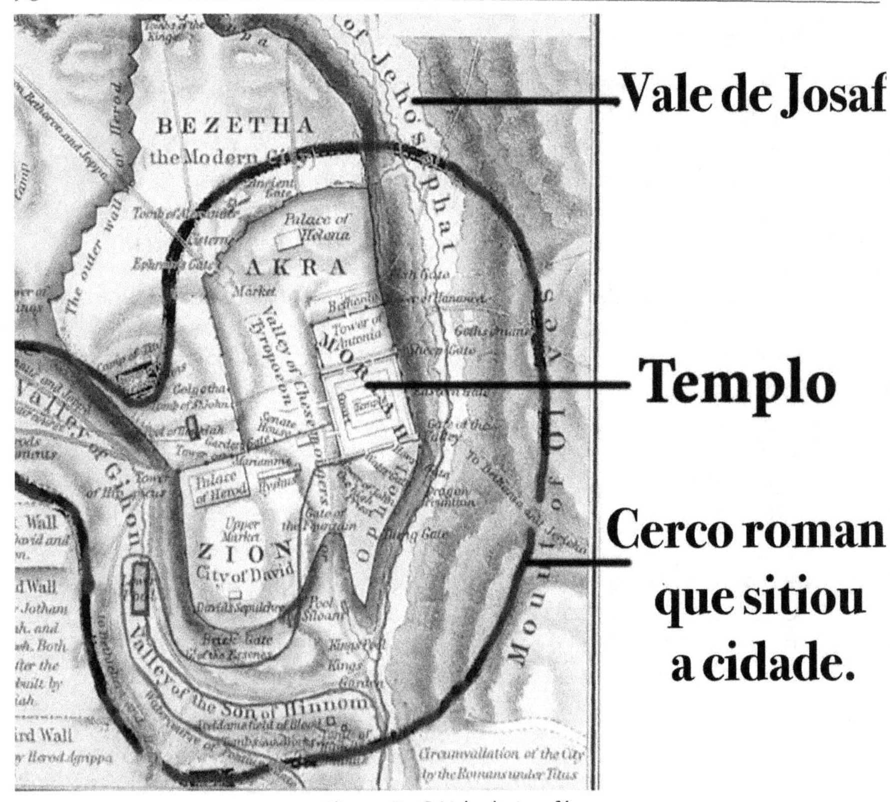

Figura 5 - O Vale de Josafá.
Fonte: Adquirida pela autora.

É neste vale que vamos ver sobre a destruição final de Jerusalém, como foi se enchendo de cadáveres e como os exércitos romanos passavam com seus cavalos entre os mortos.

De acordo com Josefo, mais de 600.000 homens foram lançados ali.

"E o lagar foi pisado fora da cidade e saiu sangue do lagar até os freios dos cavalos, pelo espaço de mil e seiscentos estádios   ".
Apocalipse 14.20

"Acordem-se as nações e subam ao vale de Josafá; pois ali me assentarei, para julgar todas as nações em redor."
"Lançai a foice, porque já está madura a seara; vinde, descei, porque o lagar está cheio, os vasos dos lagares trasbordam, porquan-

to a sua malícia é grande."
*"Multidões, multidões no vale da decisão! porque o dia do Senhor
está perto, no vale da decisão."*
Joel 3.12-14

*"Quando, pois vier o Filho do homem na sua glória, e todos os
anjos com ele, então se assentará no trono da sua glória;"*
*"e diante dele serão reunidas todas as nações; e ele separará uns
dos outros, como o pastor separa as ovelhas dos cabritos;"*
Mateus 25.31-32

Todas essas escrituras têm a ver com este julgamento, em que as
nações judias e as nações que compunham o Império Romano, estavam sendo julgadas. Jesus veio para executar esse julgamento com
sua resplandecente Luz (Epifania) a qual irradiou desde o céu para pôr
fim a essa era de maldade, corrupção e apostasia.

Lembremo-nos que o ministério de Jesus na carne era para os
judeus e Ele veio para cumprir tudo o que foi escrito, incluindo o dia
da vingança do Deus vivo.

Flavio Josefo continua:

"As mortes dos judeus todos os dias iam de mal a pior,
inflamando-se os agitadores cada dia mais, encontra-
vam-se se rodeados de tanta adversidade, pois eles
e todo o povo já estavam sofrendo de fome. A multidão dos mortos que estava lá dentro era assustadora,
era espantável de ver e dava um cheiro pestilento, a
qual detinha a força e corrida dos que lutavam, porque
eram forçados a pisar os mortos, não menos do que se
estivessem no campo de batalha, dos quais o número
era muito grande. E, aqueles que os pisavam não se
compadeciam deles, nem se intimidavam, nem ainda tinham por mau presságio, ver a vergonha dos mortos".[60]

Por outro lado, os romanos estavam construindo fortes, máquinas de guerra e equipamentos, de modo que, cortaram todas as árvores que estavam a 30 quilômetros ao redor da cidade, criando um
deserto desolador.

"O campo está assolado e a terra chora; porque o trigo está

[60]   Pág. 523. Las Guerras de los Judíos. Livro 7, Capítulo 1.

destruído, o mosto se secou, o azeite falta."

"Envergonhai-vos, lavradores, uivai, vinhateiros, sobre o trigo e a cevada; porque a colheita do campo pereceu." *"Porventura não está cortado o mantimento de diante de nossos olhos? A alegria e o regozijo da casa do nosso Deus?"* *"Como geme o gado! As manadas de vacas estão confusas, porque não têm pasto; também os rebanhos de ovelhas estão desolados."*

<u>Joel 1. 10-11 e 16 e 18</u>

Vendo tanta destruição interna, Josefo decidiu tentar convencer João e a seus compatriotas que parassem de lutar internamente. Com grande voz se dirigiu a eles:

"Quem não sabe o que deixou os antigos profetas e ameaças escritas feitas a esta miserável cidade? Então profetizaram que haveria de acontecer essa destruição, quando a configuração de dentro começasse a se travar entre os próprios cidadãos, e uns aos outros se matassem: pois está cheia de vossos corpos mortos, não só a cidade, mas ainda também todo o templo. Deus certamente, o próprio Deus coloca fogo na cidade através dos romanos para limpá-la e queimá-la por estar cheia de tão enorme mal".

"Contando essas coisas, com muitas lágrimas e gritos, a voz de Josefo falhou por causa da dor, os romanos tiveram grande compaixão dele e se admiraram".[61]

João ignorou as palavras de Josefo, mas os nobres e muitos dos pontífices, raciocinando e buscando em primeiro lugar suas vidas, acharam melhor fugir, fazendo pacto de proteção com os Romanos. Eles ainda lhes prometeram que devolveriam seus bens.

Somente aqueles que se passavam para o lado deles tinham uma chance de sobreviver. A guerra, o cerco, a fome e os roubos se tornaram intoleráveis. Já não havia comércio, nem provisões, mas grande sofrimento e mau cheiro dos mortos por toda a cidade. Por isso, somente aqueles que passaram para o lado dos romanos tinham acesso a comprar e vender.

---

61   Pág. 536 e 537. Livro 7. Capítulo IV.

"Para que ninguém pudesse comprar ou vender, senão aquele que tivesse o sinal, ou o nome da besta, ou o número do seu nome."
<u>Apocalipse 13.17</u>

Quando os de João viram o êxodo daqueles que passaram para os romanos, fizeram grande barulho e agitação; propagaram que os romanos tinham matado aos que se juntaram a eles. Assim, eles evitariam que os pobres e aqueles que estavam com eles escapassem também. Mas os Romanos, que não queriam que o templo fosse destruído por João, porque eles tinham grande apreço ao edifício, fizeram com que os nobres se mostrassem vivos em cima do muro.

Isto revelou o tirano, pelos enganos com que controlava os judeus, e fez com que muitos o abandonassem correndo para os Romanos.

Tito deixava muitos deles ir para os campos onde eles queriam, e isso fazia com que muitos fugissem novamente, por ver que estavam livres do dano sofrido dentro e livres do cativeiro entre os romanos.

"João e Simão, com o seu povo, trabalhavam em conter a saída destes e a entrada dos Romanos, e ele que dava sinal dele, por mais rápido que fosse, era logo morto por eles. Os ricos morriam não menos por fugir do que por ficar, porque eles eram mortos pela mesma causa, isto é, para lhes roubar o patrimônio".

A GRANDE FOME QUE CAUSAVA O SÍTIO DA CIDADE E DOS CRUCIFICADOS NOS MUROS

"Crescia com a fome o desespero dos agitadores revoltosos e a cada dia aumentava muito esses dois males. Em público não havia trigo, mas eles conseguiam pela força nas casas e tudo revistavam; se eles encontrassem alguma coisa, açoitavam aos que lhes negavam, e se não houvesse alguma coisa, também os atormentava, como se tivessem fechado e escondido mais secretamente. Eles argumentavam e diziam que tinha algo escondido, observando os corpos dos miseráveis, e pensando que eles não sentiriam falta do que comer em comparação com aqueles com um pouco mais de vigor. Mas aos doentes lhes acabava de matar e parecia coisa razoável matar aqueles que logo haveriam de morrer de fome. Muitos dos mais ricos, secretamente, davam todos os seus bens por uma medida de trigo e aqueles que não eram tão ricos, os trocavam por uma medida de cevada. Assim, trancado na parte mais secreta de suas casas, às ocultas comiam o trigo podre. Outros amassavam o pão, de acordo com a necessidade e conforme o medo lhes permitiam; em nenhum lugar a mesa estava posta; antes tiravam do fogo as iguarias mal cozidas, as tomavam e as comiam".

"Quando abriu o terceiro selo, ouvi o terceiro ser vivente dizer: Vem! E olhei, e eis um cavalo preto; e o que estava montado nele tinha uma balança na mão. E ouvi como que uma voz no meio dos quatro seres viventes, que dizia: duas libras de trigo por um denário, e seis libras de cevada por um denário; e não danifiques o azeite e o vinho."

<u>Apocalipse 6.5,6</u>

"Era essa vida muito infeliz, um espetáculo muito digno de lágrimas, os mais poderosos tinham muito, enquanto os fracos se queixavam de tão grande insulto e injúria, porque a fome matava e causava mais estragos às pessoas do que os mesmos inimigos",

"Não há coisa que cause tanto dano ao homem, nem o estrague, como a vergonha, porque o que é digno de reverência, em tempos de fome é menosprezado. Desta forma, as mulheres tiravam das bocas dos maridos, o que estes comiam. As crianças faziam o mesmo com os pais; e o que era pior e mais miserável que parecia, era ver as mães retirar da boca de seus filhinhos a comida. Embora estes morressem de fome em seus braços, nem por isso deixavam de fazê-lo, nem de tomá-lo a sangue frio com o que haviam de viver".

"Nem tão pouco faltava quem sabia que estes comiam tais coisas e lhes furtavam. Caso vissem alguma casa fechada, eles pensavam que era um indício de que comiam os que estavam dentro; e quebrando no mesmo instante as portas, eles entravam e quase lhes tiravam os pedaços mastigados da boca, sufocando-os".

"Os velhos eram feridos se quisessem defender isso; as mulheres eram diiaceradas porque escondiam o que tinham em suas mãos. Não havia piedade, nem do velho, por mais idoso que fosse, nem da criança, por mais nova que fosse; mas separavam as crianças que estavam penduradas na mãe que os amamentavam, e os jogavam no chão. Além disso, se alguém fosse à frente, comia o que eles tinham para roubar, atiravam-se contra este da forma mais cruel, como se este tivesse lhes causado dano grave".

"Eles pensavam novas maneiras de atormentar, somente para encontrar e descobrir mantimento para se sustentar: algumas vezes, torturavam as partes secretas e vergonhosas dos homens. Outras vezes passavam pelas partes de trás umas varas muito afiadas, e um sofreu coisas assustadoras de se ouvir, por não confessar que ele tinha escondido um pão e para que mostrasse um punhado de farinha que tinha. Aqueles algozes cruéis não tinham fome, porque não teriam sido tão cruéis, nem ruins se eles fizessem por necessidade. Estes continuando sua loucura desenfreadamente, e guardando mantimento e provisão para seis dias, saíram ao encontro dos que à noite tinham escapado das guardas dos romanos. Essa pobre gente tinha arriscado sua vida para buscar algumas ervas e coisas selvagens, escondendo-se dos guardas e quando pensavam já ter se livrado dos inimigos, davam-se com eles, e lhes roubavam tudo que traziam. Esses pobres lhes suplicavam muito em nome de Deus, que lhes dessem algo para eles, do que haviam trazido e conseguido com muito perigo, mas os ímpios não o faziam. Eles deixavam claro que já estavam recebendo grande favor, se depois de tê-los tomado tudo que tinham, não os matavam".

"Estas coisas, portanto, sofriam os do povo daqueles que mexeram tudo; os mais honrados e mais ricos eram levados perante os tiranos; e alguns eram mortos por ser falsamente acusados de emboscada; e outros, dizendo e levantando-lhes falsos testemunhos, falando que queriam entregar a cidade aos Romanos."

"Quando Simão roubava a alguém, logo o enviava a João, a quem este despojava do que tinha, e o enviava de igual modo a Simão; e, assim, faziam festa uns aos outros com o sangue do povo e dividiam entre eles os cadáveres".

"Eu não poderei contar, particularmente, as maldades de todos estes,   e do muito que eu queira dizer, falarei mesmo que seja algo. Eu não acho que houve uma cidade, em algum tempo, em todo o mundo que sofresse tal coisa, nem creio que houve uma nação no mundo tão feroz e tão cheia de toda maldade e covardia".[62]

"Foram tiradas dos judeus a licença e a permissão que tinham para sair, e com isso perderam a esperança de se salvarem: a fome já tinha entrado em todas as casas e em todas as famílias. As casas

---

62   Capítulo XI. Versão on line "Las Guerras de los Judíos" pág. 346 y 347 <http://www.seveduca.cl/1/libros/Flavio%20Josefo%20-%20Las%20Guerras%20de%20los%20Judios.pdf>.

estavam cheias de mulheres mortas de fome, de crianças, e as ruas estreitas também estavam cheias de homens velhos mortos. Os jovens e as crianças andavam sem cor, quase como mortos, pelos mercados e praças. Quando acontecia de algum deles morrer, todos ficavam muito assustados, porque não podiam enterrar os mortos devido o grande trabalho que envolvia: e aqueles que ainda tinham um pouco de força, se envergonhavam por não poder fazê-lo, de um lado, por ver grande multidão, por outro lado, porque não sabiam o fim que eles mesmos alcançariam".

"Morriam, finalmente, muitos em cima daqueles que desejavam sepultar; muitos fugiam para enterrarem-se vivos antes que chegasse o fim de seus dias, e não se ouvia em tão grandes males, gritos, nem gemidos, porque a grande fome que sofriam não dava lugar para isso. Os últimos que morriam olhavam para os primeiros mortos com os olhos muito secos e sem capacidade de verter uma lágrima e com bocas e barrigas deformados".

"A cidade estava Estava à cidade com grande silêncio, toda cheia da escuridão da morte; até mesmo os ladrões causavam mais amargura e tristeza que todos os outros. Eles esvaziaram as casas, que não eram, então, nada mais que túmulos dos mortos, e despiam os mortos; e tirando-lhes as roupas e cobertas de cima, saiam rindo e fazendo graça. Provavam neles as pontas de suas espadas, e por provar ou experimentar suas armas, passavam elas em alguns que ainda tinham vida. Quando alguns lhes rogavam para que os ajudassem ou acabassem de matá-los, por terem escapado do perigo da fome, eram menosprezados arrogantemente".

Destes escreveu Judas (Tadeu) e Enoque:

"Ondas furiosas do mar, espumando as suas próprias torpezas, estrelas errantes, para as quais tem sido reservado para sempre o negrume das trevas.
Para estes também profetizou Enoque, o sétimo depois de Adão, dizendo: Eis que veio o Senhor com os seus milhares de santos, para executar juízo sobre todos e convencer a todos os ímpios de todas as obras de impiedade, que impiamente cometeram e de todas as duras palavras que ímpios pecadores contra ele proferiram."
<u>Judas 1.13-15</u>

"Aqueles que morriam, voltavam os olhos para o Templo, pesando-lhes e sentindo muito porque deixavam vivos somente os agitadores".

"Estes, em primeiro lugar, com os gastos públicos tiveram o cuidado de enterrar os mortos, incapazes de suportar o grande fedor; mas não bastando para eles, por serem muitos, não faziam nada mais que jogá-los por cima do muro, para os vales e valas".

"Além disso, os nobres que haviam fugido diziam ser mais de seiscentos mil mortos entre os pobres que haviam morrido. Acrescentaram que a medida do trigo fora vendida por um talento, quando a cidade estava cercada, visto que não era permitido, nem possível, sair e recolher até as ervas. Eles eram alguns necessitados forçados a explorar os esgotos (canais da drenagem); pastavam com o antigo esterco dos bois e o esterco apanhado. O seu sustento era algo indigno de se ver".

"Ouvindo os romanos tais coisas sentiram misericórdia, mas os rebeldes canalhas e os revoltosos não se arrependiam por ver essas coisas, antes as toleravam".[63]

1 Ocasião Em Que Eles Comeram Seus Filhos Por Causa da Fome

"Colocarei essa cidade por medo e ridículo; todo aquele que passar por ela ficará surpreso e zombará de toda a sua destruição. E os farei comer a carne de seus filhos e a carne de suas filhas, e cada um comerá a carne de seu amigo devido ao cerco e a pressa com que eles serão apertados por seus inimigos e por aqueles que buscam suas vidas."

Jeremias 19.8-9

Esta profecia que se cumpriu na primeira destruição de Jerusalém por Nabucodonosor, rei de Babilônia, também ecoa na destruição final da cidade santa.

---

63   Pág. 520.

Josefo escreve sobre esse terrível acontecimento:

"Uma mulher chamada Maria, nobre em linhagem e rica, refugiou-se em Jerusalém e todos os seus bens foram roubados pelos tiranos".

"Com a força que sua mente sofreu e, movida pela necessidade, ela se levantou para fazer algo contrário à natureza humana. Tomando um filho que ainda estava amamentando, ela disse: Ó pobre e miserável de ti! Para quem te guardarei em meio a tanta guerra, revolta, rebelião e tanta fome? Se tu viveres, serás colocado por servidão aos romanos que são ainda mais, cruéis, que estes. Então me sirva com tuas carnes como mantimento para seres contado entre tantas destruições e adversidades dos judeus. Dizendo isso, ela matou o filho, cozinhou metade e ela mesma comeu, deixando a outra metade bem coberta". (Ver Figura 6).

"Quando os amotinados entraram na casa para ver o que ela guardava e de onde vinha um cheiro desagradável, ameaçaram matá-la se ela não os entregasse. Mas quando eles perceberam o que estava acontecendo, ficaram cheios de medo e horror".

"Foi então, a cidade cheia desse mal. Logo, os romanos souberam dessa miséria e perversidade. Algumas pessoas não acreditavam nisso, outras sentiam pena e sentiam grande compaixão; muitos tiveram ainda mais ódio pelos judeus".

"Tito, entretanto, desejando por fim a tanta aberração e sangue, implorou ao seu deus pela paz; mas os judeus não queriam paz, mas guerra, Eles estavam cheios de discórdia, revolta e com muita fome. Foi assim que eles mesmos começaram a queimar o Templo que Tito queria preservar".

"Ali, ele entendeu, claramente, que os judeus eram muito dignos do que lhes acontecia; mas o mal daquela comida ilícita e prejudicial teve que ser coberto pela ruína e destruição de seu próprio país. As mães comiam seus próprios filhos e os pais se serviam dessa comida antes delas".[64]

---

64   Extratos das páginas 551 e 552. Livro 7. Capítulo VIII.

Jesus também profetizou sobre isso quando se dirigiu às mulheres de Jerusalém:

"Mas Jesus, voltando-se para elas, disse-lhes: Filhas de Jerusalém, não chorem por mim, mas chorem por si mesmas e por vossos filhos.
Porque eis que virão dias em que dirão: Bem-aventuradas as estéreis, e os ventres que não conceberam, e os seios que não amamentaram.
Então começarão a dizer às montanhas: Caim sobre nós; e às colinas: cubram-nos".
Lucas 23: 28-30

Figura 6 – Maria, a que matou seu filho para comê-lo.
Fonte: Adquirida pela autora.

2   Os Judeus Que Foram Crucificados Nos Muros

"Foi de grande benefício para Tito as montanhas altas, já que seus soldados eram maltratados pelos judeus nos muros. Assim, mandando sua cavalaria, ordenou que eles guardassem e esperassem nos vales que cercavam a cidade, contra aqueles que saíam para tomar a provisão e mantimentos".

"Eles ousavam sair por causa da grande fome que sofriam. Aqueles que eram presos eram cruelmente espancados e atormentados de muitas maneiras antes de morrerem. Finalmente, eles foram pendurados em uma cruz na frente dos muros".

"Os muros estavam cheios de pessoas crucificadas cujos cadáveres eram deixados apodrecendo nas cruzes. Desta forma, eles amedrontavam e colocavam temor nos romanos para que eles não tentassem escapar".

"Havia tantos crucificados que já não tinha lugar para colocar mais cruzes".

"Essa destruição parecia muito miserável para o imperador Tito, ele capturava Não deixava de parecer ao imperador Tito muito miserável essa destruição, capturando cerca de quinhentos homens por dia; muitas vezes até mais. Porém não achava seguro libertar aos que prendia".

Alguns foram feitos prisioneiros, crucificados ou enforcados e outros foram libertados.

"Então estarão dois no campo; um será levado, e o outro será deixado. Duas mulheres estarão moendo em um moinho; uma será tomada e a outra será deixada".

Mateus 24:40-41

Quando Jesus profetizou sobre esses que seriam tomados se referia a profecia declarada pelo profeta Zacarias:

Eis que, o dia do Senhor vem, e no meio de ti serão repartidos teus despojos. Porque eu reunirei todas as nações[65] para lutar contra Jerusalém; e a cidade será tomada e as casas serão saqueadas e as mulheres serão violadas; e metade da cidade sairá para o cativeiro mas o resto do povo não será exterminado da cidade".

Zacarias 14.1-2

"Os soldados romanos enforcavam os judeus de várias maneiras; com raiva e ódio, lhes faziam muitos insultos: eles já tinham capturado tantas pessoas, que não havia lugar para colocar as forcas e, também, faltavam forcas para pendurar tantos quanto havia. (Ver Figura 7).

Figura 7 – Os crucificados de Tito fora dos muros de Jerusalém.
Fonte: Adquirida pela autora.

---

65   Conjunto de nações que formavam o Império Romano e constituíam o território dominante do mundo daquela época.

A DESTRUIÇÃO DO TEMPLO

"Quando Jesus saiu do templo e ia embora, seus discípulos o cercaram para mostrar as construções do templo. Respondendo Ele, lhes disse: Vedes tudo isso? De certo vos digo, que não restará aqui pedra sobre pedra, que não seja derrubada".

<u>*Mateus 24:2*</u>

1   Flávio Josefo Tenta Convencer os Judeus Para Que se Rendam

"Josefo, então, se colocou num lugar de onde pudesse ser visto e ouvido com nitidez , declarando-lhes em hebraico o que Tito queria e havia mandado fazer. Rogava-lhes   muito, pois considerava sua pátria e não quiseram destrui-la ateando-lhe fogo, o qual já estava muito perto do Templo. Exortava-lhes para que fizessem os sacrifícios costumeiros.".

"Ditas estas coisas, o povo estava muito triste e muito calado, apenas escutando. Mas João, o tirano, havendo dito muitas injúrias a Josefo, disse que não temia a morte e a destruição, porque aquela cidade era de Deus   ".

"Josefo continuava falando, não querendo ver a cidade submersa em tão grande e horrível fim; e lhes dizia:

Quem ignora o que os profetas antigos deixaram escritos e as ameaças feitas a esta cidade miserável? Então, profetizaram que essa destruição aconteceria quando a divisão de dentro começasse a se travar entre os próprios cidadãos e uns matassem aos outros. Pois, de vossos corpos mortos está cheia, não só a cidade, mas também todo o Templo. Deus por certo, Ele mesmo, põe o fogo na cidade com os Romanos para limpá-la, e quer queimá-la por estar repleta de enormes maldades".[66]

"Ao ouvir isso, João e seus companheiros eram ainda mais movidos contra os Romanos".

"Então, muitos dentre os sacerdotes e nobres passaram a apoiar os Romanos, sujeitando-se ao império de César, que lhes prometeu devolver seus bens com o término da guerra".[67]

Agora eles poderiam comprar, vender, e estar protegidos, pois haviam feito um pacto com Roma.

Figura 8 – Cerco e destruição de Jerusalém por Tito.
Fonte: Adquirida pela autora.

---

66   Pág. 536 e 537.
67   Pág. 537.

2 Como Foi Combatido o Muro Exterior do Templo e o Princípio do Incêndio

"E, aos oito dias de agosto (ano 70), o General Tito mandou que viessem seus exércitos com toda engenhosidade e máquinas de guerra à parte exterior do Templo, pela parte ocidental".[68] (Ver Figura 8).

"Seis dias antes, venceu as portas com aríetes e escadas, mas os judeus, contra-atacando, causaram muitas perdas entre os romanos. Isto resultou na indignação e ira de Tito, que ordenou que pusessem fogo nas portas do Templo".

"As portas imediatamente foram queimadas e o fogo se propagou nas demais portas do Templo".

"Vendo-se cercados pelo fogo, os judeus perderam as forças e o ânimo. Estavam atônitos, espantados e ninguém ousava impedir ou extinguir o fogo. Estavam pasmos, fitando, e mesmo com tudo isso, não se condoíam pelo que estava sendo destruído, mas procuravam resgatar seus próprios pertences".

"Então, Tito ordenou que abrissem caminho, extinguindo um pouco do fogo, para que seus generais pudessem adentrar a cidade. Assim, entraram com cavalos e grande força, e os judeus não puderam resistir. Muitos foram mortos por este exército e os que escapavam se refugiavam na parte interior do Templo".

Assim, entraram com cavalos e grande força; os judeus não puderam resistir. Muitos foram mortos por este exército e os que escapavam se refugiavam na parte interior do Templo."

"Nesse ponto, os vales e fossos ao redor dos muros estavam repletos de cadáveres apodrecendo. Muitos dos que entraram, a cavalo, o fizeram pelos vales, outros chegaram a pé para subir pelas escadas dos muros". (Ver Figura 9)

---

68   Pág. 553.

O sangue chegava até as rédeas dos cavalos!

"Tito voltou para a fortaleza Antonia (que estava dentro da cidade) determinado a combater no Templo, logo pela manhã, com todo seu exército e poder. Mas por juízo de Deus, já era condenado ao fogo há muito tempo e o dia determinado para isso, no tempo presente, era o dia nove de agosto, o mesmo dia em que foi queimado pelo Rei de Babilônia. Todavia, os causadores e iniciadores desse incêndio foram os próprios naturais do lugar".[69]

Deus mesmo havia acelerado o fim, já que se continuasse tão severo assédio, todos morreriam de fome; as guerras teriam se estendido por toda Palestina e aos lugares onde se refugiavam os filhos

---

69　　　Pág. 556. Em algumas traduções, diz-se dia 10; em outras, dia 9. Para a Israel atual, é dia 9.

de Deus.

"E, se aqueles dias não tivessem sido abreviados, ninguém se salvaria; mas por causa dos escolhidos, aqueles dias serão abreviados".
Mateus 24:22

Então, ao ver as fortalezas internas e as torres que os tiranos haviam abandonado, Tito declarou: "Na verdade, Deus estava conosco nessa guerra, havendo tirado os judeus destas fortalezas, porque o que poderiam fazer mãos e máquinas contra essas torres?"

3 Como foi Foi o Templo Incendiado Contra a Vontade de Tito

Josefo continua a narrar sobre o aconteceu:

"Então, um soldado, sem aguardar que alguém ordenasse e sem vergonha de tal ato, antes, movido divinamente pelo furor e ímpeto, foi incentivado por um de seus companheiros, tomou parte do fogo que ainda havia, jogou-o por uma janela de ouro onde havia entrada e, a partir daí, começou a se estender o fogo por dentro do Templ".[70]

"As ameaças e os mandatos de Tito não eram suficientes para deter aqueles que corriam por dentro. Antes, iam para onde o furor desvairado que tinham os levasse. Muitos acabaram sendo mortos e pisados, porque onde estavam era um lugar estreito e todos queriam entrar de uma só vez. Outros caíam nas portas que se estavam em chamas e ardiam com elas".

"Quando chegaram ao Templo, fingindo que não ouviam o que Tito lhes dizia, cada um persuadia a seu companheiro para que pusesse fogo no Templo. Não restava mais esperança alguma, aos amotinados e agitadores, para parar ou proibir o que se fazia, porque a matança era geral em toda parte. Cada um fugia como podia e os que não podiam se defender, não importava onde fossem achados, eram mortos".

"Amontoava-se um grande número de mortos ao redor de onde estava o altar. Pelas grades do Templo, corria o sangue dos corpos;

70   Pág. 557.

os corpos que, porventura, caíam ali, nadavam em muito sangue e se por ali caíam, deslizavam para baixo". (Ver Figura 10).

Figura 10 - A destruição do Templo, por Francesco Hayes.
Fonte: Adquirida pela autora.

"Quando Tito viu que não podia deter o ímpeto furioso de seus soldados, que o fogo tomava conta de tudo, entrou com seus governantes e examinou todo o Templo. O que se chamava "Lugar Santo", certamente, excedia a fama que tinha, ainda era muito mais excelente e glorioso do que os judeus se orgulhavam".

"As chamas ainda não haviam tocado o interior do Templo, pelo que Tito mandou cem soldados para apagar o fogo. Contudo, o ímpeto, o furor embravecido de seu povo, o ódio que tinham contra os judeus, fazia com que menosprezassem os mandamentos do imperador e não temiam o fato de Tito querer defender o Templo".

"O soldado que havia entrado, antes que Tito corresse para impedir e proibi-los que pusessem fogo, já havia posto em uma porta. Tito vendo então que as chamas já reluziam por dentro, saiu com seus capitães   ".[71]

"Os soldados roubaram tudo quanto vinha às suas mãos e a

____
71   Pág. 558.

quantidade de pessoas que matavam era infinitamente maior do quanto falavam. Não havia misericórdia por conta da idade, por mais velho que fosse, nem reverência alguma à castidade, antes, crianças e velhos, sacerdotes e profanos, todos eram mortos e passados à faca. Todos eram, igualmente, perseguidos da mesma forma, tanto os que suplicavam quanto os que resistiam.

O ruído do fogo, juntando-se aos gemidos e gritos dos que morriam, parecia aumentar, pois aquele outeiro era muito alto e o que era queimado, muito grande. Certamente, parecia que toda a cidade ardia e estava repleta de fogo. Não houve clamor, nem vozes tão horríveis e espantosas como as que se ouviam ali, porque as legiões dos romanos levantavam grande ruído, as vozes dos revoltosos que estavam cercados de fogo e de armas, subiam ao céu". (Ver Figuras 11 e 12).

Figura 11 - Jerusalém no ataque final de Tito
Fonte: Adquirida pela autora.

"Os que estavam no outeiro faziam o estrondar o barulho por toda a cidade, muitos que estavam murchos (magros) e meio mortos pela grande fome que sofriam, fechados já seus olhos por estar muito próximos da morte, vendo o fogo do Templo e as queixas que se ouviam por toda parte, reuniram forças e começaram a falar em voz alta".

"Ressoava com o barulho toda a região que estava do outro lado do rio e as montanhas que estavam ao redor faziam retumbar mais os gritos e os tornavam mais altos do que eram. Certamente, as mortes ocorridas no lado de dentro eram maiores do que todo o barulho e quem quer que tenha visto teria pensado que a colina, sobre a qual estava edificado o templo, foi queimada pela raiz; tão cheio estava de fogo por todas as partes".

Figura 12 - Destruição de Jerusalém, por David Roberts (1850).
Fonte: Adquirida pela autora.

"Pois, o sangue que emanava se mostrava muito mais que o fogo, e foi maior o número de mortos do que de assassinos. Toda a terra estava coberta de mortos e os soldados perseguiam os que fugiam correndo por cima dos cadáveres".

"Enfim, os ladrões eram tão numerosos, que tiveram de recorrer aos   Romanos, na parte de fora do Templo; e eles correram para entrar na cidade, porque o povo que havia ficado, fugiu pela porta que estava na parte exterior".[72]

"Os sacerdotes que ficaram, atacavam os romanos com cadeiras e instrumentos. Mas isso não tinha proveito algum, já que o fogo estava para chegar neles. Apartaram-se, então, usando uma parede larga de oito côvados, para que o fogo não pudesse alcançá-los e ficaram ali. Dois nobres que estavam com eles, ao não poder fugir,   vendo que o fogo estava tão intenso, lançaram a si mesmos no fogo e foram queimados juntamente com o Templo".[73]

"Os romanos, vendo que seria em vão tentar conservar as edificações ao redor do Templo, puseram fogo em tudo quanto havia ficado". (Ver Figura 13).

Figura 13 – O Templo saqueado pelos soldados romanos.
Fonte: Adquirida pela autora.

---

72   Pág. 560.
73   Resumo da parte da página 560.

"Também colocaram fogo, nas arcas onde se encontravam o tesouro, chamadas de gazofilácio, as quais estavam cheias de dinheiro, roupas e de muitos outros bens. Dentro delas, estavam todos os bens e riquezas dos judeus, porque todos os ricos haviam esvaziado suas casas e colocado todos seus tesouros nelas".

Jesus (o Senhor) lhes havia dado a oportunidade, aos seus, de unir-se a Seu Espírito e ser livres desse Juízo tão horrendo, mas eles não O receberam.

"Voltou a enviar outros servos dizendo: Dizei aos convidados: Eis aqui, minha comida está preparada; meus touros e os animais engordados já foram mortos e tudo está pronto; venham às bodas. Mas, eles, sem fazer caso, se foram, um para sua lavoura, outro para seus negócios; outros, tomando os servos, os maltrataram e mataram. Ao ouvir isso, o rei se indignou; e enviando seus exércitos, destruiu aqueles homicidas e queimou sua cidade".

Mateus 22:4-7

4 Roma Havia Despedaçado a Israel

"Onde estiver o cadáver, aí se reunirão as águias".

Mateus 24:28

A imagem desta ilustração é a de um inimigo caindo sobre sua vítima.

As águias são as legiões romanas e Jerusalém é o cadáver a ser devorado. Jó disse sobre a águia:

"Remonta a águia pelo seu mandamento e põe no alto o seu ninho? Ela habita e mora na penha, e no cume do penhasco e da rocha. Desde ali persegue a presa. Seus olhos observam de longe. Seus filhotes sugam o sangue; e onde há cadáveres, lá está ela".

Jó 39: 27-28

5   Os Falsos Profetas Prometem Salvação

"Porque se levantarão falsos Cristos e falsos profetas; farão grandes sinais e prodígios, de tal maneira que enganarão, se for possível, até os escolhidos".

Mateus 24:24

"Vieram também os Romanos ao encontro de um único portão, que ficara inteiro, fora do Templo, onde haviam se recolhido da revolta até seis mil pessoas entre mulheres, homens e demais multidões".

Antes que Tito pudesse determinar algo sobre as coisas que convinham fazer a esse povo, antes de mandar alguns de seus capitães, os soldados que ardiam com a grande ira que possuíam, puseram fogo. Isso fez com que uns morressem querendo atirar-se dali para baixo e outros foram queimados com o fogo, de modo que, ninguém saiu com vida".

"A causa da morte destes, havia sido um falso profeta, o qual havia pregado naquele mesmo dia, na cidade, que Deus os mandava subir ao Templo para lhes dar um sinal e resposta de salvação. Muitos falsos profetas, então, subornados pelos tiranos, anunciavam ao povo que esperassem o socorro de Deus, e que não tivessem cuidado de se proteger e menos ainda de fugir deles. Então, eles não se cuidavam devido à esperança que os falsos profetas lhes davam"."

"Porque quando um homem está na adversidade, facilmente é persuadido com toda coisa que quer enganar, e quando se lhe promete esperança para se livrar do presente mal, necessariamente, o que está em tal condição crê, por causa da esperança que necessita".[74]

"Assim, o Templo foi queimado contra a vontade de Tito. Ainda que alguém pense que essa destruição fosse digna de lágrimas e lamentada, pelo fato da obra e do edifício excederem em grandeza e magnificência, o que ocorreu já estava determinado por Deus, de modo que nenhum homem, nem animal, nem coisa alguma poderia evitar".[75]

---

74   Pág. 562.
75   Pág. 558.

"Maravilhavam-se por ver e saber a ordem e veracidade, dos tempos, porque foi queimado na mesma hora, dia e mês que os babilônicos, antigamente, o queimaram".

"Da primeira edificação começada pelo Rei Salomão até a destruição final, ocorrida no segundo ano do Imperador Vespasiano, passaram-se mil, cento e trinta anos, sete meses e quinze dias".[76]

"Porque virá, vem o dia ardente como um forno, todos os soberbos e todos os que fazem maldade serão restolho; aquele dia que virá os abrasará, assim diz o Senhor dos Exércitos; e não lhe deixará nem raiz, nem rama.
Pisareis aos maus, os quais serão cinza debaixo da planta de vossos pés, no dia em que eu agir, diz o Senhor dos Exércitos".
<u>Malaquias 4.1 e 3</u>

6   Cristãos Que Haviam Ficado Em Jerusalém

Em um antigo escrito do Bispo Epifânio, encontrei o seguinte relato sobre os cristãos que ficaram em Jerusalém.

"[77] O Bispo Epifânio (310-403 A.D.), nascido na Palestina, escreveu fundamentando-se em documentos do século II: 'O imperador Adriano, em sua viagem ao Oriente (138 A.D.), encontrou o Templo de Deus destruído e a cidade de Jerusalém, completamente, arrasada, exceto algumas casas e a pequena Igreja de Sião, em cuja sala superior haviam se refugiado os discípulos quando voltaram do Monte das Oliveiras'.

Se encontrava construída na parte do monte Sião e a salvo da destruição, quer dizer, uma parte das casas espalhas sobre Sião e sete sinagogas que ficaram escondidas como favelas (cabanas).

"A informação de Epifânio está, historicamente, fundamentada no fato de que o bairro ocidental da cidade encontrava-se fora do campo de operações militares, durante a conquista de Jerusalém no

---

76   Pág. 558 e 559.
77   El Sión Cristiano: http://www.christusrex.org/www1/ofm/san/TS-sion001_Es.html

ano 70 d.C., e o ataque teve início no lado oposto da cidade".(Ver Figura 14)

Muito, provavelmente, esta pequena Igreja serviu de refúgio para algunsCristãos que não haviam escapado anteriormente.

Figura 14 – Campo de operações militares em Jerusalém.
Fonte: Adquirida pela autora.

OS SINAIS QUE PRECEDERAM E SURGIRAM ANTES DA DESTRUIÇÃO

"E mostrarei prodígios no céu e na terra, sangue, fogo e colunas de fumaça. O sol se converterá em trevas, a lua em sangue, antes que venha o dia gande e espantoso do Senhor."

Joel 2.30-31

Certamente, o sol havia escurecido e a lua havia avermelhado com as grossas fumaças produzidas pelo incêndio da cidade que, por sua vez, estava repleta de sangue e morte.

Mas, Deus havia sido tardio para ira e pronto para misericórdia, enviando sinais e prodígios antes de trazer Seu juízo; entretanto, milhares de judeus os ignoraram, semelhantemente aos que zombavam de Noé quando anunciava o dilúvio.

"Porque, como nos dias antes do dilúvio, estavam comendo e bebendo, casando-se e dando-se em casamento, até o dia em que Noé entrou na arca; e não entenderam até que veio o dilúvio e os levou, a todos; assim será, também, a vinda do Filho do Homem."

Mateus 24.38-39

1   O Cometa Em Forma De Espada

"Assim, pois, o miserável povo cria nos enganadores de Deus e do mundo. Foram mostrados sinais e prodígios, os quais, manifestadamente, declaravam a destruição presente, mas nem os observaram e nem os queriam crer,ao contrário, atônitos e sem sentido, como homens cegos e sem almas, dissimulavam e cobriam tudo quanto Deus lhes ordenava e descobria. Uma vez, apareceu a estrela, como uma espada ardente, sobre a cidade e a aparição desse cometa durou por todo um ano".

"Então, aparecerá o sinal do Filho do Homem no céu; então, lamentarão as tribos da terra e verão ao Filho do Homem vindo sobre as nuvens do céu, com poder e grande glória".

Mateus 24.30

Vários sinais sucederam-se, um após o outro.

2   A Luz No Altar

"Em outra ocasião, antes da guerra e da primeira rebelião, no dia da Páscoa, ajuntando-se o povo, segundo costume, aos oito dias do mês deAbril, às nove horas da noite, surgiu uma luminosidade muito grande ao redor do altar durante meia hora, fazendo com que parecesse ser dia e muito claro. Ainda que os ignorantes e as pessoas que não o entendiam, o tivessem por um bom sinal, os que entendiam tiveram-no por certo e julgaram o que, realmente, Deus queria dizer".

3   A Vaca Que Deu À Luz Um Cordeiro E A Porta de Cobre Que Se Abriu

"Durante uma festa, no mesmo dia, aconteceram dois fatos. Uma vaca que era trazida para sacrifício deu à luz a um cordeiro no meio do Templo. Havia uma porta oriental do Templo interior, que era feita de cobre, sendo, portanto, muito grande e pesada. Era tão, demasiadamente, pesada que todas as noites era necessário que vinte homens a fechassem; e tinha todos seus ferrolhos de ferro e as cavilhas muito altas, que davam no fundo de uma pedra, muito grande, que ficava no lugar da porta. Sem que ninguém se achegasse a ela, tal porta, às seis horas, apareceu aberta. Quando os guardas foram avisar do ocorrido aos sacerdotes, eles apenas puderam fechá-la. Mas este sinal também parecia algo bom aos tolos e ao povo em geral. Diziam que Deus havia aberto a porta dos bens. As pessoas mais prudentes e os sacerdotes do Templo pensavam que suas forças desfaleciam e que ao abrir-se as portas, significava que os inimigos as abririam, que isto traria grande destruição e desolação."[78]

4 O Sinal Do Filho Do Homem, Os Carros No Céu

Jesus disse ao Sumo Sacerdote, quando este o interrogou, sobre se Ele era o Cristo:

"Jesus disse: Tu tens dito; e também te digo, que desde agora vereis o Filho do Homem sentado à destra do poder de Deus e vindo nas nuvens do céu   ".

Mateus 26.64

"Quando o Filho do Homem vir em sua glória e todos os santos anjos com ele, então, se assentará em seu trono de glória; e serão reunidas diante dele todas as nações; e separará uns dos outros, como aparta o pastor as ovelhas dos cabritos".

Mateus 25.31-32

Sobre isso, Josefo testifica:

"Poucos dias depois das festas, aos 21 do mês de Maio, apareceu outro sinal incrível a todos de modo muito claro. Pode ser que aquilo que desejo falar fosse tido por fábula, se não fosse pelo fato de que alguns que presenciaram os acontecimentos ainda esti-

78   Pág. 564.

vessem vivos, para falar, tanto dos objetivos e mortes, tão grandes quanto eram os sinais. Antes do sol se por, surgiram nas regiões do ar, muitos carros que corriam, por todas as partes, e esquadrões armados passando pelas nuvens espalhadas por toda a cidade ".

"No dia da festa, que chamavam de Pentecostes, havendo os sacerdotes entrado à noite na parte mais fechada do templo, para fazer segundo tinham por costume, seus sacrifícios. A princípio, sentiram certo movimento e um ruído; estando atentos ao que seria, ouviram uma voz repentina (súbita) que dizia: Vamos sair daqui!"[79]

Quando leio isto, não deixo de pensar, que a pessoa que está narrando é um Judeu, não convertido. Não existem ou ainda não foram descobertos escritos Cristãos desse período de tribulação. Há um silêncio total da parte dos Cristãos, de onde podemos extrair mais informações. Pergunto-me: eles viram e ouviram desde as montanhas, cavernas ou lugares onde se refugiaram? Os possíveis refugiados ouviram no monte Sião? Ou, só foi visto sobre Jerusalém? Quando isso aconteceu no Pentecostes, quer dizer que estes sinais aconteceram dois meses antes da destruição total da cidade.

5   A Voz Do Profeta E Os Ais

"E o que foi mais horrível e ainda mais espantoso é que tudo o que é dito, é que havia um homem rústico e plebeu chamado Jesus, filho de Ananias, que quatro anos antes de começar a guerra, estando a cidade em grande paz e abundância, vindo à festa que então celebravam, começou a falar bem alto: Voz para o Oriente, voz para o Ocidente, voz para as quatro partes dos ventos, voz contra Jerusalém e o Templo, voz contra os recém-casados e recém-casadas, voz contra todo este povo. E falando isso, rodeava todas as praças e ruas da cidade ".[80]

"Será como nos dias de Noé, se casarão e se darão em casamento mas não escutarão, como tão pouco escutaram a Noé em seu tempo ".[81]

---

79   Pág 564.

80   Capítulo XII completo do sétimo livro. Nota: algumas frases foram colocadas numa linguagem mais moderna, mas sem modificar nada com o propósito de facilitar a leitura.

81   Paráfrases de Mateus 24.38 e 39.

"Alguns varões de nomes mais nobres e respeitados, sentiram um peso muito grande por saber da sorte adversa e do infortúnio que se aproximava, prenderam o homem e deram muitos açoites para que se calasse. Ele não deixou, por isso, de dar gritos, sem ter em conta sua própria dor, nem aqueles que o maltratavam. Tão pouco falou algo secreto. Ao contrário, perseverava falando as mesmas coisas. Como os governantes tinham esse movimento por verdadeiro e que fora divinamente enviado, levaram-no à presença do presidente romano. Ali, foi esfolado até os ossos com os açoites que lhe deram, mas com isso, jamais rogou para que o deixassem, nem saiu lágrima alguma de seus olhos. A cada golpe que lhe davam, abaixava sua voz lamentando e dizia: Ai, ai de ti, Jerusalém!"[82]

"Portanto, eis que vos envio profetas e sábios e escribas; e deles, a uns matareis e crucificareis e a outros açoitareis em vossas sinagogas; e perseguireis de cidade em cidade; para que venha sobre vós todo o sangue justo que se tem derramado sobrea terra, desde o sangue de Abel, o justo, até o sangue de Zacarias, filho de Berequias, a quem matastes entre o templo e o altar. De certo vos digo que tudo isto virá sobre esta geração. Jerusalém, Jerusalém, que mata os profetas e apedrejas os que te são enviados! Quantas vezes quis juntar seus filhos, como a galinha ajunta seus pintinhos debaixo de suas asas, e não o quiseste! Eis que vossa casa ficará deserta".

Mateus 23.34-38

"Como o juiz, naquela época, chamado Albino, perguntava quem ele era, e ele não lhe respondia, mas aos gritos que chorava, amargamente, a destruição da cidade. Assim, o considerou louco e o deixou sair livre. Até o tempo da guerra não se via com cidadão algum, nem tão pouco havia quem o visse falar. Ao contrário, estava a cada dia como quem ora alto, e quase queixando-se, dizia: Ai, ai de ti, Jerusalém. Não maldizia a ninguém que o maltratasse, nem bendizia, tão pouco, os que o traziam algo para comer. Apenas tinha essas palavras na boca, as quais eram tristes novas e sinais para todos. Falou mais ainda nos dias de festa e, perseverando nisto, por sete anos e cinco

---

82   Capítulo XII completo do sétimo livro. Nota: algumas frases foram colocadas em linguagem moderna para facilitar a leitura, mas sem mudar o sentido.

meses, continuamente, sem ficar rouco nem jamais se cansou, até que chegou o tempo em que a cidade foi cercada e entendendo todos claramente o que significava, descansou".

"Depois, rodeando outra vez a cidade por cima do muro, gritava em alta voz: 'Ai, ai de ti, cidade, templo e povo!' Chegando, então já o fim de seus dias, disse: Ai de mim, também! E, uma pedra jogada, com um daqueles tiros, o matou e fez sair a alma que ainda chorava todo o dano e destruição do presente".

"E o que pensar por isso achará, certamente, que Deus aconselha bem os homens e lhes mostra todas as formas cômodas, possíveis, saudáveis e convenientes. Eles morrem e perecem com males que eles mesmos, por causa de sua própria loucura e falta de entendimento, trazem sobre si".

"Os judeus, depois que a torre Antonia fora tomada, haviam feito o templo quadrado; escrito em seus livros sagrados (Talmud) que a cidade e o Templo haviam de ser tomados e destruídos se o Templo fosse quadrado".

"Mas o que, principalmente, os moveu a ser persistentes e a guerrear, era uma resposta duvidosa, falada, também, nos livros e escrituras sagradas, a qual dizia: que havia de ser naquele tempo, quando um homem nascido entre eles, teria o império do Mundo Universal".

Este era, obviamente, Jesus Cristo, mas Flávio Josefo, que não era crente, assumiu que se referia ao imperador.

"Tomando isto como algo apropriado, muitos sábios se enganaram ao declarar o que isto significava. Esta profecia declarava o império de Vespasiano o qual foi eleito imperador estando na Judeia".

"Mas os homens não podem dar desculpas pelo o que ainda ocorrerá, ainda que vejam e entendam. Estes interpretaram parte destes sinais segundo seu desejo e luxúria; e em parte também os menosprezaram, até ao ponto de que com a morte e destruição deles, assim como de sua pátria, a maldade dessas pessoas foi descoberta e castigada".[83]

---

83   Capítulo XII completo do sétimo livro. Nota: Algumas frases foram colocada em linguagem mais moderna sem qualquer modificação, apenas para facilitar a leitura.

A ETAPA FINAL

Depois da destruição do Templo, a cidade também foi queimada. Segundo Josefo, mais de um milhão e cem mil judeus morreram.

Os judeus que ficaram vivos foram presos e levados à cidade marítima, Cesareia, onde Tito se divertia fazendo grandes festas e espetáculos. Sobre isto, jogava os judeus às feras ou fazia com que combatessem, entre si, na arena como se fossem verdadeiros inimigos.

Simão, que se escondia com seu povo nos esgotos da cidade, um dia decidiu sair enganando a todos como se fosse o espectro do Messias. Vestiu-se de uma túnica branca com cinto de ouro e colocou sobre seus ombros uma roupagem, de cor escarlate. Então, saiu de debaixo do esgoto, por entre as ruínas do Templo, deixando, os que o viam, sem fala e espantados. Porém, o capitão do exército de Tito, Terêncio Rufo, o descobriu e o levou preso à presença de Tito, que havia preparado um fim repleto de crueldade para ele.

A sua saída, de entre os dutos (esgotos), fez com que descobrissem o esconderijo de seus seguidores e os prenderam também.

Então, Tito fez uma grande festa para celebrar o aniversário de seu irmão matando a grande parte dos cativos em homenagem a ele. O número dos que foram jogados às feras, queimados e dos que pereceram lutando, entre si, nos combates, foram 2.500 homens. Aos olhos dos romanos, tudo isso era muito menos do que os judeus realmente mereciam.

Simão Bar Giora e João de Giscala figuraram entre os prisioneiros do desfile triunfal que se celebraria em Roma no ano seguinte. O primeiro dos dois tiranos foi executado depois, de forma imediata; o segundo, encarcerado pelo resto da vida.

Os últimos Zelotes, ladrões e desonestos, que ficaram com vida, fugiram para a fortaleza de Massada, onde, três anos e meio mais tarde, cometeram um suicídio em massa, para não se renderem, diante da invasão dos Romanos. Desta maneira, Israel foi totalmente destruído.

CONCLUSÃO

Entender o que aconteceu na História, nos leva a reavaliar muitas coisas as quais temos dado uma aplicação futurista.

A busca pela verdade, só se alcança por um só caminho e é perguntando ao Espírito Santo.

"Mas o Consolador, o Espírito Santo, a quem o Pai enviará em meu nome, ele os ensinará todas as coisas, e os recordará de tudo o que eu vos tenho dito".

<u>João 14:26</u>

Os homens se debatem com mil conjecturas, uns pensam uma coisa, outros argumentam coisas diferentes. Seguir a opinião do homem implica no perigo de errar.

Deus nos deixou o Espírito para investigar Nele todas as verdades. Quem, senão Ele, tem a interpretação correta de todas as coisas?

Como Profetiza e Doutora em Teologia, só posso colocar diante de você, leitor, o que tenho recebido. O que tenho visto e ouvido tem me conduzido a uma poderosa vida de revelação e comunhão com o Pai, com o Filho e com o Espírito Santo. Vivo o poder e a autoridade do Reino que Ele nos deixou, e é um caminhar extraordinário.

"O Espírito da verdade, o qual o mundo não pode receber, porque não o vê, nem o conhece; mas vós o conheceis, porque mora convosco e estará em vós.

"Não vos deixarei órfãos, virei a vós. Todavia um pouco, e o mundo não me verá mais; mas vós me vereis; porque eu vivo, vós também vivereis".

<u>João 14:17-19</u>

Isto é o que eu vivo real e genuinamente; é meu legado a quem o queira ter.

O Reino de Deus está no meio de nós e não temos que seguir esperando nada, mas arrebatá-lo e desfrutá-lo em toda plenitude que Ele nos dá.

PERGUNTAS QUE SURGEM AO LER ESSE LIVRO

1   O que são, então, as bodas do Cordeiro?

O matrimônio, no natural, é consumado quando homem e mulher se fazem uma só carne, na intimidade, quando ela se torna carne de sua carne e osso de seus ossos. O Apóstolo Paulo escreve, claramente, sobre isso.

"Porque o marido é cabeça da mulher, assim como Cristo é cabeça da igreja, a qual é seu corpo, e ele é seu Salvador. Porque ninguém aborreceu jamais a sua própria carne, ao contrário, a sustenta e cuida dela, como também Cristo à igreja,"
"porque somos membros de seu corpo, de sua carne e de seus ossos. Por isso, deixará o homem a seu pai e sua mãe, e se unirá à sua mulher   e os dois serão uma só carne. Grande é este mistério , mas eu digo isto a respeito de Cristo e da igreja. ".
<u>*Efésios 5:23 e 29-32*</u>

"Mas o que se une ao Senhor, um espírito é com ele".
<u>*I Coríntios 6:17*</u>

Nessas passagens, fica mais que claro que para ser o Corpo de Cristo, necessariamente, temos de estar unidos a Ele como Sua esposa.

Quando o homem e a mulher se casam, tornam-se uma só carne.

Da mesma maneira, quando nos casamos com Jesus, tornamo-nos UM ESPÍRITO com Ele. Ao dizer "Está consumado", Jesus queria dizer que a obra fora terminada. Por Seu sangue, Ele nos lavou completa e absolutamente. Em Seu sangue, já não há nem mancha nem rugas, somos limpos como a neve. Esta é a obra da graça.

Entender isto faz toda a diferença, já que se tão somente somos a noiva de Cristo ou a desposada, esperando nos casarmos num futuro com Ele; então, ainda não somos Seu Corpo. A noiva não tem acesso legal a nada que pertença ao varão, mas uma vez casada, tem acesso a tudo. Só a esposa tem o talão de cheques do Rei. A noiva não pode ter intimidade com seu amado, até que se case.

Uma mulher na condição de "Desposada ou Esponsal", na tradição judaica, era considerada possessão do marido, mas não podia ter intimidade com ele até que chegasse o dia do casamento, nem tampouco podia viver com ele. Só poderiam morar em união conjugal após o casamento.

O fato que Jesus havia dito:

"Mas não rogo somente por estes, mas também por aqueles que hão de crer em mim pela palavra deles,
para que todos sejam um; como tu, ó Pai, em mim, e eu em ti, que também eles sejam um em nós; para que o mundo creia que tu me enviaste."

<u>João 17:20-21</u>

Para que o Pai e o Filho sejam "Um em nós, necessariamente tem de haver uma união conjugal.

Este é um assunto de importância vital, porque, enquanto, estamos esperando as bodas do Cordeiro num futuro incerto, não teremos acesso a nada, e é aí onde o diabo nos rouba o poder, as riquezas e a entrada nas câmaras do Rei e a glória da primeira vinda do Messias.

O Apóstolo John Eckhardt escreve em seu livro "Eis que venho sem demora":

"Este casamento escatológico é o cumprimento da promessa dada por Deus a Israel na qual estava comprometida, na justiça, com Ele para o matrimônio (Oséias 2.19-20). Este compromisso matrimonial era através de Jesus e o Novo Pacto com a Igreja do primeiro século composta por Judeus e gentios. O convite ao casamento foi feito no primeiro século. Nesse, então, tudo já estava preparado para que se fosse feito. Muitos têm colocado as bodas no final da era Cristã e no final da era Judaica".

"A parábola das dez virgens (Mateus 25) reflete este compromisso de bodas entre Cristo e Sua Igreja. O Senhor foi preparar lugar para Sua Igreja e regressaria para levá-la à câmara nupcial. As cinco virgens prudentes estavam preparadas para esse retorno, as cinco néscias não estavam prontas. O azeite representa a unção e o viver pelo Espírito Santo. Jesus havia dito a essa geração".

"As bodas do Cordeiro ocorreram logo (Apocalipse 1.1, 3 e 19.7-9). João, o batista, se regozijou ao escutar a voz do noivo (João 3.19). Tudo isto tem uma aplicação para o primeiro século. Jesus, o noivo, havia vindo a este mundo e chamava Sua Igreja para as bodas. O compromisso de casamento foi profetizado por Oséias (2.19-20). 'A parábola das dez virgens' reflete os costumes judaicos nos dias de Jesus. O noivo demoraria a regressar. Entretanto, preparava um lugar para sua noiva na casa do Seu Pai. Uma vez preparado o lugar, o noivo regressaria por ela".

"(João 14:1-3). Daí, os noivos vão à casa do Pai para celebrar o casamento e as festas".

"E ouvi como a voz de uma grande multidão [...] que dizia: Aleluia, porque o Senhor nosso Deus Todo poderoso reina! Regozijemo-nos e alegremo-nos e demos a Ele gloria; porque hão chegadas as bodas do Cordeiro, e sua esposa já está preparada".
Apocalipse 19:6-7

"O reino de Deus foi manifestado através dos juízos de Babilônia (Israel apóstata). Os santos se regozijam com a chegada das bo-

das, já que agora poderão receber as bênçãos do reino que já fora consumado".

"Isto é o que os apóstolos ensinaram quanto ao que a Igreja primitiva deveria esperar e receber".

"Jesus preparou a morada para unir-Se conosco, como o esposo prepara a sua casa para sua mulher".

"Na casa de meu Pai há muitas moradas; se assim não fosse, eu não haveria dito; vou, pois, para preparar lugar para vós.

E se eu for, e preparar o lugar, virei outra vez, e os tomarei a mim mesmo, para que onde estou, vós também estareis".[84]

João 14:2-3

Jesus está no coração dos crentes e nós, Nele. Isto não é para o futuro, mas é a verdade medular do Evangelho.

Note, também, que a esposa do Cordeiro é o tabernáculo de carne onde Ele habita:

"E eu, João, vi a cidade santa, a nova Jerusalém, descer do céu, de Deus, disposta como uma esposa ataviada para seu marido.

E ouvi uma grande voz do céu que dizia: Eis aqui o tabernáculo de Deus com os homens, e ele morará com eles; e eles serão seu povo, e Deus mesmo estará com eles como seu Deus."

Apocalipse 21:2-3

Aquele que não é esposa, tão pouco é o tabernáculo de Deus na Terra.

2   Como foi profetizada a Segunda Vinda no Antigo Testamento?

O Antigo Testamento reconhece uma só vinda física do Messias que está intimamente relacionada com o estabelecimento do Reino de Deus.

"Porque um menino nos nasceu, um filho se nos deu; o governo

---

84   John Echardt. "Eis que Venho Sem Demora". Pág. 161 e 162.

está sobre os seus ombros; e o seu nome será: Maravilhoso Conselheiro, Deus Forte, Pai da Eternidade, Príncipe da Paz; para que se aumente o seu governo, e venha paz sem fim sobre o trono de Davi e sobre o seu reino, para o estabelecer e o firmar mediante o juízo e a justiça, desde agora e para sempre. O zelo do Senhor dos Exércitos fará isto. ".

Isaías 9:6-7

O Trono de Davi, não é o trono de um homem mortal, mas o trono do Messias. Jesus disse que Seu reino **não era deste mundo**, logo, tão pouco seu trono.

Nem no Antigo Testamento, nem nas palavras de Jesus vemos uma era "da Igreja" e mil anos depois a "era do Reino", como supõem os dispensacionalistas.

Também é profetizada sua presença nas nuvens para receber o Reino e dá-lo aos Seus santos. Jesus sentou-Se no Trono com Seu Pai e Seu reino não terá fim.

"Olhava eu na visão da noite, e eis aqui com as nuvens do céu vinha um como um filho de homem, que vindo até o Ancião de dias, e fizeram-no chegar diante dele.

E lhe foi dado domínio, glória e reino, para que todos os povos, nações e línguas o servissem; seu domínio é domínio eterno, que nunca passará, e seu reino um reino que não será destruído".

Daniel 7:13-14

De igual maneira, viria em uma manifestação de Juízo, como temos visto ao longo deste livro.

2.1 Em que momento o Senhor vem e o Monte das Oliveiras é dividido em duas parte?

O Monte das Oliveiras é um símbolo de Israel. Os montes são

símbolo de autoridade e, neste caso, representam o sacerdócio de Israel. Esta passagem está ligada ao juízo do ano 70 quando Israel foi dispensado e sua autoridade sacerdotal chegou ao fim. Uma parte de Israel seguiu o Messias e se salvou. A outra foi destruída ou dispersa.

"E se afirmaram seus pés naquele dia sobre o monte das Oliveiras, que está em frente a Jerusalém ao oriente; e o monte das Oliveiras se dividirá ao meio, para o oriente e para o ocidente, fazendo um vale muito grande; e a metade do monte de apartará para o norte e a outra metade para o sul.

E fugireis ao vale dos montes, porque o vale dos montes chegará até Azal; fugireis da maneira que fugistes por causa do terremoto nos dias de Uzias, rei de Judá; e virá o Senhor meu Deus, e com ele todos os santos".

<u>Zacarias 14:4-5</u>

3   Se Jesus veio nas nuvens no juízo do ano 70, como devemos esperá-Lo agora?

Recordemos que Ele veio trazer um reino espiritual e firmar Seu desígnio.

A manifestação de Jesus ocorre de muitas formas.

Ele falou, não apenas, de Sua vinda em juízo, mas também de uma vinda espiritual na qual Ele e o Pai fariam morada em nós.

Esta é uma realidade na qual o Corpo de Cristo deve crescer e experimentar como a realidade mais poderosa dentro do nosso espírito. Somos Seu Corpo, a plenitude Daquele que é tudo em todos! (Efésios 1:23)

Ele é a videira e nós os ramos. O crente está poderosamente unido a Ele, se é que esta é sua realidade.

No Novo Testamento são usadas várias palavras para descrever Jesus em Sua vinda ou na forma em que Ele vem ou se manifesta.

As passagens que mencionam Sua vinda estão descritas por diferentes palavras: Parousia, Epifania, Apocalipse, Erchomai, Diafania e Optanomai. Estas têm a ver com uma revelação que se faz presente de diversas formas:

No meio de Sua Igreja, dentro do crente e no meio da congregação, que é Seu Templo.

Nos juízos sobre a Terra.

Em manifestações de glória que trazem despertamentos ou avivamentos.

O fato é que são várias e tão diferentes as palavras usadas para falar de Sua vinda, que nos dão a entender que não se trata de uma só vinda, mas de muitas formas nas quais Ele Se manifesta.

Analisemos estas palavras:

3.1 Manifestações visíveis de Sua pessoa

3.1.1 Erchomai[85]: Vir, no tempo *"aoristo"*

"O aoristo expressa uma duração de tempo que não tem relevância para o falante. Às vezes, é tão breve que se reduz a um ponto (aspecto pontual). O termo grego aoristo **significava indefinido, ilimitado, sem limite de tempo.** Era, originariamente, algo assim com o não-tempo, o verbo sem tradução temporal direta, algo assim como a eternidade ou **"pelos séculos dos séculos"**.[86]

O aoristo denota uma ação semelhante a algo que está ocorrendo no passado sem referência ao seu progresso, sem expressar que a ação foi completada. Este tempo, simplesmente, apresenta a ação sem fazer referência à sua duração.

Ele não expressa a duração nem o término; é indeterminado, indefinido. O aoristo, definitivamente, não é um tempo no futuro. Jesus estava profetizando, nesta passagem específica, que viria para ficar espiritual e eternamente no meio do Seu povo.

---

85   Concordância de Strong 2064. Ercomai erchomai; voz média de um verbo primário, usado apenas nos tempos presente e imperfeito, os outros sendo fornecido por um parente (voz média).

86   Hispanoteca, língua e cultura, fórum de consultas justas. Fernandez Lopez.

"Eu sou o Alfa e o Ômega, princípio e fim, diz o Senhor, o que é, e que era e que há de vir (erchomai), o Todo Poderoso".

Apocalipse 1:8

Esta palavra também é encontrada em Atos 1:11 e em João 14:18, entre outras.

Sobre esta palavra e seu tempo gramatical, explicitamos no Capítulo 1.

3.1.2 Parousia[87]: Presença também a vimos no Capítulo 1.

"Porque não os temos dado a conhecer o poder e a (parousia) presença de nosso Senhor Jesus Cristo seguindo fábulas aritificiais, senão como havendo visto com nossos próprios olhos sua majestade".

II Pedro 1:16

Entre muitas outra passagens, também encontramos esta palavra em I João 2:28 e II Pedro 3:12.

3.1.3 Apocalipse[88]: (apokalupsis) Revelação.

Apocalipse (Apokalupsis). Esta palavra quer dizer revelação, iluminação, aparição. É quando o Pai ou Jesus revelam ao coração do homem, algo concernente a Si mesmos. No Apocalipse, o qual é a revelação de Jesus, somos submersos num âmbito profético para ver e entender Seu caráter celestial e como Ele atua. É quando Ele tira do secreto de Seus tesouros e nos traz à luz. É também a revelação das sentenças de todos os Seus juízos.

O Pai revela a Pedro que Jesus é o Cristo, o Messias.

"Então lhe respondeu Jesus: Bem-aventurado és, Simão, filho de Jo-

---

87   3952 parousía (vem de parõn, "estar presente, chegar para entrar numa situação) – Do presente particípio de 3918; um ser próximo,é dizer, chegada (muitas vezes,o retorno, especialmente de Cristo para castigar Jerusalém, os maus), (por implicação) fisicamente, aspecto – Vinda, presença. Tradução Concordância Bíblica Strong.

88   602. De 601; revelação - aparece, vem, iluminar a manifestação, ser revelado, revelação. Tradução da Concordância Bíblia Strong.

nas, porque não revelou a ti (apokalupsis) carne nem sangue, mas meu Pai que está nos céus".
Mateus 16:17

"De tal maneira que em nenhum dom, nada os falta, esperando a manifestação (apokalupsis) de nosso Senhor Jesus Cristo".
I Coríntios 1:7

3.2 Manifestações de luz

3.2.1 Epifania[89]: É o resplendor de sua presença. Vemos esta manifestar-se em juízos de Deus ou quando Ele quer trazer novas revelações e entendimento à Sua Igreja. Esta não é, necessariamente, em forma visível aos nossos olhos, mas sim, ao nosso espírito. É a Epifania de Jesus que resplandece em nossos corações para iluminação do conhecimento da glória de Deus (II Coríntios 4.6).

"Conjuro-te diante de Deus e do Senhor Jesus Cristo, que julgará aos vivos e aos mortos em sua manifestação e em seu reino."
II Timóteo 4:1

3.2.2 Diafania (Diaphanes): Resplendor, claridade. Esta palavra é igual à anterior, sendo o resplendor de Sua luz em nós. Também é encontrada na II Epístola a Timóteo.

"Além disso, me está guardada a coroa da justiça, a qual me dará o Senhor, juiz justo, naquele dia, e não só a mim, mas também a todos os que amam seu (diaphanes) resplendor   ".
II Timóteo 4:8

Também a encontramos em II Tessalonicenses 2.8.

---

89   Concordância Strong 2014. epiphainoœ; de 1909 e 5316; brilhar sobre, i.e. tornar-se (literalmente) visível ou (figurativamente) conhecido; aparecer – dar luz.

3.2.3 Optanomai[90]: Ver com atenção algo grandioso (sem relação a um sujeito gramatical)

"A quem também, depois de haver padecido, apresentou-se vivo com muitas provas indubitáveis, aparecendo-lhes durante quarenta dias e falando-lhes acerca do reino de Deus."

Atos 1:3

4   Em alguma parte das Escrituras disse que Ele virá em carne?

Primeiro, precisamos entender que Ele já não é mais de carne e osso como nós, pois Seu corpo foi glorificado.

Nesta condição, depois da Sua ressurreição, atravessou paredes, apareceu no meio de Seus discípulos. Tinha diferentes aspectos, já que nem Maria O reconheceu fora da tumba, nem tão pouco os discípulos.

Disse a Maria que não O tocasse, já que havia de subir ao Pai e que voltaria imediatamente. Assim, o fez e, depois disso, apareceu a seus discípulos. Tomé colocou sua mão no lado de Jesus, tocando-O, porque já havia retornado de Seu Pai.

Ao final de todos os tempos, no "Juízo Final", Ele aparecerá para ressuscitar os mortos e entregá-los ao reino de Seu Pai.

"Então virá o fim, quando entregar o reino a Deus e Pai, quando houver destruído todo domínio, toda autoridade e força. Porque é necessário que ele reine até que tenha posto todos seus inimigos debaixo de seus pés".

I Coríntios 15:24-25

5 Para que foi constituído Israel em 1948?

Deus deu uma promessa a Israel de que seu território seria deles para

---

90   **OPTOMAI;** Aparecer, mostrar-se, fazer-se visível Concordância Strong 4648 – ver à distância: aparecer – olhar, ver, apresentar a si mesmo.

sempre. Por essa causa, lhes devolveu, devido ao Seu amor para com eles.

Isto não significa, como alguns pensam, que Deus está comprometido com Israel para voltar a edificar o Templo e voltar ao antigo sistema de sacrifícios.

Deus já fez o sacrifício perfeito enviando o Seu filho como o Cordeiro pascal, que pôs fim a todo sistema antigo.

Jesus declarou em Sua glória que Ele faria novas todas as coisas.

Dele pode beber quem quiser, Judeus ou Gregos. Nele, já não há nacionalidades, pois é o Rei de toda a Terra e Seu sacerdócio é conforme a Melquisedeque, não conforme a Aarão.

"E o que estava sentado no trono disse: Eis que, eu faço novas to

das as coisas. E me disse: Escreve, porque estas palavras são fiéis e verdadeiras.
E me disse: Está consumado. Eu sou o Alfa e o Ômega, o princípio e o fim. Quem tem sede, darei gratuitamente da fonte de água da vida.
E ao que vencer, herdará todas as coisas, e eu serei seu Deus, e ele será meu filho."

Apocalipse 21:5

Deus não deu aos Judeus sua terra para voltar a matá-los e destruir Jerusalém. Isso já aconteceu.

O seu reino está sobre Jerusalém, como também sobre toda a Terra.

Deus destruiu a antiga Jerusalém para que não colocássemos mais a nossa visão nas coisas terrestres, mas sim, nas celestiais.

Ele fez uma nova Jerusalém, não para voltar a edificar a antiga, mas para que fosse o Seu tabernáculo no meio dos homens.

O Senhor reina! Regozije-se a Terra!

6   Por que dizem as Escrituras que todo Israel será salvo?

"Então, todo Israel será salvo, como está escrito: De Sião virá o libertador, que apartará de Jacó a impiedade".

Romanos 11:26

Esta passagem refere-se à verdadeira Israel que foi salva durante o juízo do ano 70.

"Eis que trarei os da sinagoga de Satanás, aos que se dizem judeus e não o são, mas mentem; eis que eu farei que venham e se prostrem aos teus pés e reconheçam que eu te tenho amado".

Apocalipse 3:9

Paulo também escreve que nem todos os Judeus são verdadeiramente Judeus, senão, os que são pela fé.

"Pois não é judeu o que o é exteriormente, nem é a circuncisão a que se faz exteriormente na carne, mas que é judeu o que o é no interior, e a circuncisão é a do coração, em espírito, não na letra, cujo louvor não vem dos homens, mas de Deus".

Romanos 2:28-29

Paulo, também, diz que só um remanescente será salvo.

Também, Isaías clama a respeito de Israel:

"Se o número dos filhos de Israel forem como a areia do mar, apenas o remanescente será salvo; porque o Senhor executará sua sentença sobre a terra em justiça e com prontidão".

Romanos 9:27-28

Assim, os filhos de Abraão são os judeus pela fé. O Pai esperou para dar a todos os que respondessem à salvação vinda por Seu Filho, o Messias. E todos estes, a verdadeira Israel, foram salvos.

Muitas outras perguntas a respeito do Apocalipse e o Reino, em nosso meio, são respondidas no meu livro "Apocalipse, a revelação de Jesus Cristo".

Fim

Se você gostou desse livro, visite nossa página Web e encontre mais Livros da Dra. Ana Méndez Ferrell:

www.editoragr.com.br

Siga nossas redes sociais:

www.facebook.com/editoraGR

Instagram: @editoraGR